旅人思考で

イスラムと世界を知る本

ムスリムを理解する
キーワード「ハビビ」

nakayama shigeo
中山茂大

言視舎

まえがき

長期で海外旅行に出かけると、ほとんどの人が「活字渇望症」とでもいうべき状態になる。日本語が読みたい。折り込み広告でもいい。電話帳でも構わない。なんでもいいから日本語を読ませてくれ……となり、当然ながら、そこにビジネスチャンスが生まれる。

エジプトのカイロやトルコのイスタンブールなどには日本人が長逗留する宿がいくつかあり、日本の文庫本が多数並んでいる。宿の主人が「一冊いくらで販売」あるいは「二冊で一冊と交換」などのような商売をしているところもある。

旅行中の読書というのは、他にあまりすることがないので、はかどるし、アタマにも入りやすい。イスラムに関する書物を、アザーンを遠く聞きながら読んでいると、ものすごくリアルに、その内容を理解することができる。

私の場合、一年八カ月の旅行で、合計百三十冊ほどの本を読んだ。もちろんそのすべてを持ち歩いていたわけではない。必要なものを必要な場所に小包で送ってもらったのである。インターネットで本を購入し、日本から発送してもらい、読み終わった本は返送する。これを繰り返したわけだが、おかげで長い旅行が、退屈もせずに、非常に充実したものになった。「旅行しに行ったのか、それとも読書しに行ったのか」と聞かれると、難しいところだが、少なくとも読書が、旅の重要な目的のひとつであったことは間違いない。

せっかく旅行に出かけるなら、現地に関する書物を一、二冊、カバンに忍ばせて出かけたい。海外では予期せぬアクシデントで、ヒマができることが多いからだ。

一説によると「トラベル」の語源は「トラブル」なのである（↑「違う」という指摘も多々ありますが）。

この本は二〇〇五年から二〇〇七年にかけて、インドからアラブ地域を旅した記録を元に構成されている。従ってイスラムについての入門書でもなければ社会派ジャーナリズムでもない。あくまで著者が経験した、主にイスラム圏の人々の暮らしについての考察である。またその考察を裏付けるため、多くの参考図書から一部を引用した。本書を入り口として、さらなる理解を深めていただければ、と思う。

言うまでもなく、ほとんどすべてのイスラム教徒は、私たちと同じ善良な一般市民である。しかしジャーナリズムの宿命として、それら市井の人々の営みが取り上げられることは多くない。もちろんそれは仕方のないことでもあるだろう。センセーショナルな映像が大衆の耳目を集めるのは当然だからである。しかし一方で、ＩＳ（イスラミックステート）の残忍な処刑や戦闘場面、あるいは難民の悲惨な状況ばかりが報道され、それらの映像が、あたかもイスラム教徒全般の印象として固定化されてしまう傾向があることも、残念ながら事実である。

圧倒的多数であるはずの庶民の日常生活に報道的価値が少ないのは仕方がない。むしろ、だからこそ現地の人々の実際の暮らしを伝えることは重要である。ニュースソースとはなりにくい人々の日常の風景をすくい取り、読者に届けることが本書の使命だと著者は考える。

本書ではイスラム圏に暮らす人々の、日本と異なる考え方や習慣などを、著者が経験した範囲で紹介している。彼ら善良なイスラム教徒の「生態」を垣間見ていただくことで、読者のイスラムに対する理解が少しでも深まれば幸いである。

本書に登場する主な国々

イラク
シリア
スペイン
ポルトガル
チュニジア
トルコ
レバノン
イスラエル
イラン
モロッコ
アルジェリア
リビア
エジプト
サウジ
アラビア
セネガル
アラブ
首長国
連邦
ヨルダン
バーレーン
イエメン

目次

第2章 庶民の感覚でイスラムを知る

第3章　イスラム圏をめぐる国際関係

第4章　イスラムと西洋

第1章

イスラム世界のハビビな人々

ハビビな人々

「ハビビ」というのは、アラビア語で「愛しい人」を指す言葉である。

アラブ諸国の歌謡曲を聞いていると、かなり頻繁にこの単語を耳にする。適当な日本語を当てるとすれば「カレシ」「カノジョ」、あるいはもっと広く「身内」「仲間」を指す。

この「ハビビ」という言葉は、アラブ社会を理解するのに非常に重要であるように、私には思われた。たとえばイスタンブールの土産物屋が、平気で外国人観光客からボッタクル理由を、彼らはこう説明する。

「だってアカの他人に同じ値段でモノを売ったら、友人に申し訳が立たないじゃないか」

日本人にとっては、わかったようなわからないような理屈である。しかし彼らにとっては「身内と他人を区別する」のは当然のことなのである。

イスラム教徒の商人にとっては、自分の身内や友人、知人たちに売るのと同じ値段で、見ず知らずの異国人に品物を売り渡すことは、身内や友人などへの裏切り行為になってしまうのである。

（中略）まず、最も安く売るのは自分と血のつながっている者に対してであり、それより少し高くするのが友人への値段で、以下、同じ町内の者、よそ者の同胞という具合に少しずつ値段が上がっていく。外国人に対する値段も、旅行者と顔見知りの者、親しい者とでは相当な差をつける。

『イスラムからの発想』（大島直政　講談社現代新書）

シリアの商店で、似たようなことを経験したことがある。私が品物を選び、金を払い、立ち去るまでの間、店主の男は一度たりとも携帯電話を耳から放さなかった。レジ袋に品物を入れるのも片手である。そしてなにが楽しいのか時折、

「がっはっは」

と哄笑するのである。この男性にとっては、目の前にいる見ず知らずの外国人よりも、電話口でしゃべっている遠方の友達（たぶん）のほうがよっぽど重要らしいのだ。

家族や友人をはじめとした「ハビビ」と「それ以外」を明確に区別する。そういう「家族主義」というのは、程度の差こそあっても世界中の途上国で、ごく普通に見受けられる風景である。そして日本のように「異常に職業的倫理観の高進した国」のほうが、世界でも極めて珍しいのだということを、私たちはもっと知るべきだろう。

世界中の人々は、多かれ少なかれ「ハビビな人々」なのである。

マラケシュの詐欺師

マラケシュはモロッコ最大の観光地なので、西欧人旅行者が毎年わんさか押し寄せる。モロッコという国は全体に「観光客ズレ」しているけれども、マラケシュは特別である。そのボッタクリぶりは、もう「インド人もびっくり」のレベルである。

ある時、マラケシュのバスターミナルに行った。ターミナルには、客引きのようなボランティアのような男達がいて、我々を目的のバスまでエスコートしてくれる。

普通のモロッコ人なら、当然ここでチップを要求するはずだが、男達は要求しない。とあるオンボロバスまで我々を連れて行き、バス後部の荷物スペースに我々の荷物を積み込み、そして我々をバスに乗せた。

他に乗客はいない。そこで男達は、かなり居丈高な態度で言った。

「荷物は別料金だ。ひとつあたり二〇ディルハム（一ディルハム＝十四円）だ」

このバスの運賃はひとり四〇ディルハムなので、この荷物代は法外に高い。

「ダメダメ、そんなの払わないよ」

私は頭から相手にしなかった。

「大きい荷物が二〇ディルハムで、小さいほうが一〇だ」

ちょっとだけ値段が下がった。

「ダメダメ」

私はそれでも相手にしない。

「わかった。ひとつ一〇ずつでいい」

私がまったく動じないので、男達はいくぶん焦り始めたらしい。

「ダメダメ」

「じゃあバスをチェンジしろ。このバスに乗せるわけにはいかない」

「あ、そう。じゃあ他のバスにするよ」

私たちはバスを降りようとした。

「荷物代を払え！　ふたつで一五ディルハムでいい！」

男達はほとんど哀願するように怒鳴った。

「ふたつで一〇ディルハムなら払ってやるよ」

「ダメだ！　一五ディルハムがラストプライスだ！」

「じゃあ乗らない」

「もういい！　一〇ディルハムでいいからよこせ！」

男達がついに折れた。

この顚末を後から考えてみると、どうもバス会社の関知しないところで法外な荷物代を請求するという詐欺だったらしい。その証拠に男達は、わざわざ我々を人目につきにくいバスの中に連れ込んだのだ。

しかし私はここで、この男達の悪事を糾弾したいのではない。むしろ考えたいのは、

「彼らがなぜこのバスターミナルで、そんな詐欺まがいのことをしていられるのか。なぜバス会社なりターミナルの運営者は、こういう連中を取り締まろうとしないのか」

という疑問である。

少し穿った考え方をするなら、バス会社や施設の運営者も、こういった連中から幾ばくかのアガリをピンハネしているのかもしれない。しかしたった数百円の中から何割かハネたとしても、その額は知れている。そう考えるよりも、イスラム社会における、ひとつのセーフティネットとして理解したほうが正しいのではないか。

モロッコの失業率は、一説には四〇%を超えるといわれる。まともな仕事もない彼らにとっては、このような恐喝まがいの犯罪行為も、生きるためには致し方ないとも言えるだろう。バス会社や施設の人々は、彼らの小悪事を、ある程度黙認することで、彼らに「仕事」を与えているのだとも言えるだろう。この詐欺師たちもバス会社やターミナルの人々にとっては「身内」であり「ハビビ」なのだと考えたほうが自然な気がしたのである。

マラケシュの旧市街

マラケシュの夜。宿の部屋の窓から、ぼんやりと外を眺めていた。下を覗いてみると、リヤカーの運送人がひとり、寝ているのが見えた。自分のリヤカーに横になって、頭から毛布を被って寝ているのだ。

路上で寝泊まりするオジサンのような人々を、我々はインドでたくさん見てきた。たいがいのリキシャ（人力車）のオジサンは、夜になると自分のリキシャの客席に横になり、同じように頭から毛布を被って寝てしまうのである。

イスラム社会を旅して驚いたのは、身障者用の自転車を多く見かけるようになったことだった。イスラムの共同体では、弱者を救うための喜捨の習慣や慈善活動が積極的に行なわれていると聞いている。だからモロッコに、インドと同じような貧困があったことは意外だった。その一方で私は、このホームレスのオジサンに、イスラム社会の寛容性を見たような気がした。狭い路地が入り組んでいる旧市街では、自動車の往来が困難で、そこにオジサンのようなリヤカー運搬人が活躍する余地が残されているのだ。

エルサレムのダマスカス門でリヤカーを押す人。城壁に囲まれた旧市街には車が入れないのだ。

もしもここが日本ならどうだろう。自動車も通れない旧市街など、とうの昔に再開発されてしまっているに違いない。再開発が始まれば、確かに一時的に雇用が発生するだろう。そしていつも以上の高給が得られるに違いない。

しかしそれはたった一度きりでしかない。工事が終わってしまえば、もう次の仕事はないのである。それよりも、細々とではあるけれど、旧市街の中で運送業を営むほうが、長期的には彼らに仕事を与え続けられることになる。旧市街の古い街並みは、社会的底辺にいる人々に仕事を提供しているのだとも言える。

こういうリヤカー運搬業は、ダマスカスやエルサレムの旧市街でも見かけた。旧市街が再開発されずに、いつまでも活気があることで、貧民層を救うひとつのセーフティネットを機能させているのではないだろうか。
そこに私は、イスラム社会の知恵を見た気がしたのである。

モロッコの乞食たち

モロッコのバスで発車を待っていると、乞食や物売りなど、実に様々な人が入れ替わり立ち替わり乗車してきて、ひとつ演説をぶって乗客に喜捨を求め始める。

ひとりめは健常な若い男で、すでに芸にまで高められた堂々たる演説ぶりだったが、彼の不幸は強調されず、収穫はゼロであった。不首尾に終わった男は最後に、

「このバスはケチばかりだな」

と捨て台詞を残して去っていった。

次に登場したのは盲人だった。サングラスに杖をついた、身なりのしっかりした老人である。この人も運転席の横で演説をぶってから集金を始めたが、これには多くの乗客が喜捨を与えていた。やはり身障者は喜捨の対象になりやすい。

次に乗り込んできたのは、知的障害のある若者だった。演説はうまくできないので、通路沿い

の誰彼かまわず握手を求める。そして思わず握手に応じると、次にその手を差し出して喜捨を求めるのである。握手をすることで、一種の「関係」ができることを狙った工夫だ。この若者も、残念ながら集金率は悪かった。

次にやってきたのは、金属のマグカップ売りである。マグカップをふたつ、カチカチと打ち鳴らしながら演説を始める。野球帽をかぶったアフリカ系のオジサンで、競艇場あたりにいそうな風貌である。乗客のほとんどは無視している。私も無視して本を読んでいたが、フト目を上げると乗客と口論になっていた。しかしケンカになると、出入り禁止にでもなるのか、オジサンは憮然として降りていった。

最後は、足の悪い少年だった。この少年は、かなりの喜捨を集めることに成功していた。その理由は、私の横を通り過ぎた時にわかった。

象皮病である。左足が赤黒くぱんぱんに腫れ上がっていた。

少年は後部の出口から足を引きずりながら降りて行った。私はなんとなく、そのあとを目で追った。少年はガレージの外に歩いていった。そして路上にしゃがんでいたマグカップ売りのオジサンの横に座り、なんと楽しそうに談笑を始めたのである。さっきまでの、あの悲痛な表情は消えて、どこにでもいる少年の明るい笑顔に戻っていた。

「営業スマイル」ならぬ、「営業クライ」だったのか⁉

アラブのオジサンの人生観

イスラム諸国には飲み屋の代わりに喫茶店がたくさんある。そしていつもオジサンで満席だ。甘いチャイ（紅茶）をすすり、水タバコをふかしながら、世間話をして一日中。いったいどうやって暮らしているのかと不思議になる。

こういうオジサンと少し仲良くなると、必ず聞かれるのが、

「オマエたちは結婚しているのか？」

「子供は何人いるのだ？」

「いない⁉　なぜだ‼　子供がいなければ、どうやって老後を過ごすのだ！」

「年金？　年金などアテになるものか！」（確かにその通り）

矢継ぎ早に質問される。そして最後に、こうして話は締めくくられる。

「子供はいいぞ。子供はアッラーのお恵みなのだ。だから多ければ多いほどいい」

実際アラブは多産である。四人、五人は少ないほうで、七人、八人、十人も珍しくない。

かつて部族ごとに敵対していたアラブ世界では、兵隊の数がものを言った。だから子供は多け

エジプトの港町ロゼッタのマクハー（喫茶店）でくつろぐオジサンたち。意外と写真好きである。

れば多いほどいい。今でもその名残が残っているのかもしれない。

一般にアラブではイトコ婚が推奨されるが、これも同じ理由だろう。つまり一族の娘を他部族にやることは、敵の子孫を増やすことになる＝一種の利敵行為になるわけだ。

ところで石油の採れないアラブ諸国では、失業率二〇％くらいは普通だ。たとえば男兄弟が五人いたとして、失業率二〇％なので、そのうち一人は失業していることになる。しかしあとの4人は、安月給かもしれないが仕事はある。そして四人も働き手がいれば、贅沢はできないけれど、家族は余裕で暮らしていけるのだ。

もしもそのうちのひとりでも「デキのいいの」がいればしめたもの。がんばって大学に進学させてエンジニアにでもなってくれれば、それこそ一家安泰なのである。

かくしてアラブのオジサンは、たくさんの子供を育てあげたら、さっさと引退して、馴染みの喫茶店でチャイでもすすりつつ、のんびりと老後を過ごすのである。

アラブでは女の子よりも圧倒的に男の子のほうが喜ばれるのだが、案外そんなところに理由があるのかも……と少々穿った考えを起こしてしまった。

「経済上の伝統主義」

イスラム社会に限らず、労働というのは、あくまで必要悪であり、それ以外の時間こそが人生の楽しみなのだという考え方は世界共通である。

この考え方はマックス・ウエーバーの「経済上の伝統主義」という概念で、ある程度説明がつきそうだ。ウエーバーの言う「伝統主義」とは簡単に言えば、古くからの習慣を盲目的に行動規範とする精神とでもいうべきものである。

これが経済上、どういう影響を与えるかというと、たとえばこんな感じである。

とある農場経営者が、繁忙期である収穫期の時給を二倍にすると宣言した。短時間働いて高給がもらえるわけだから、普通の日本人なら驚喜して残業するだろう。しかし実際には多くの労働者は働かなくなり、むしろ生産性は落ちてしまった。労働者たちの言い分はこうである。「だって今日働いて明日のぶんも稼げるなら、明日休んだってかまわないじゃないか」労働者たちは収入を増やすことに興味を持たず、単に従来の自分たちの生活に必要な「伝統的な要求」のぶんしか稼ごうとしなかったのである。

私たちは人間というと報酬増大のためには労働増大をもいとわないような人間を思いうかべがちですが、人間はあらゆる条件のもとでそうした反応を示すわけではなく、ある特定の歴史条件のもとにおかれた人間だけがそうした反応を示すにすぎないということを忘れてはなりません。そうでない人間はむしろ単純に習慣としてきた生活を続け、そのために必要なものをえることだけを願うにすぎず、つまりは「伝統主義」に埋没しているのが普通なのです。

『ウエーバー　プロテスタンティズムの倫理と資本主義の精神』（安藤英治編　有斐閣新書）

産業革命が起こった国と起こらなかった国の違いには、このような一般市民の意識の差も原因しているのだろう。「伝統主義」から、いち早く脱皮した国は先進国となり、いまだ伝統主義にとらわれる国は途上国となる。そして「伝統主義」にとらわれている人びとこそが世界のマジョリティであり、この本で私が主張するところの「ハビビな人びと」なのである。

アラブ人の名前

モロッコでは、長男は必ず「ムハンマド」と名付けられるそうだ。だからもしもお知り合いのモロッコ人が「ムハンマド」さんなら、彼は長男のはずである。

モロッコの人口は三千万人で世帯数は五百万ほど。家族の男性のうちの誰かが「長男」である確率は高いので（息子もお父さんもおじいちゃんも長男の場合もある）、モロッコだけで五百万人以上の「ムハンマドさん」がいることになる。

「ムハンマド」とは言うまでもなく、イスラム教における最後の預言者ムハンマド（マホメット）のことだ。だからイスラム教徒の間で、もっとも人気のある名前は「ムハンマド」なのである。

ところで遊牧民には「姓」がない。彼らには「名前」しかない。世界史上「イブン〜」のつく有名人がたくさんいるが、これは「誰それの息子」という意味だ。「アブ〜」のつく人もわりと多いが、「誰それのお父さん」という意味である。やはり名字ではないのだ。

名字がない代わりに父親の名前、祖父の名前、さらにはご先祖様の名前が延々と続く。イエメン人のアミンさんに正式な「名前」を聞いてみたところ、

「アミン・ムハンマド・ガシム・アルギャージン・アリ・カシム・サラーム・ムハンマド・マハディン・シュアイビだ」

という返事が返ってきた。

「十の名前が続くんですね」

「いや。二十くらい遡れる」

「残りの十は?」

「忘れた」

いいのか忘れて⁉

いずれにしても、どこまで行っても姓ではないのである。

「姓」というのは、農耕民族に特徴的なものなのだろう。定住する農耕民族は、自分の土地と家(屋号)を持ち、それがやがて姓になる。遊牧民には先祖代々の土地などないから、名字なんぞ持つ必要がなかったのかもしれない。

イエメンの銃社会

異論もあるかも知れないが、アメリカという国は「順法精神」が社会にしっかり根付いている国だというのが、私の印象である。アラスカに行った時に、バスに乗り遅れそうになって、十数人も並んでいる列をすっ飛ばして、窓口に掛け合ったことがある。すると窓口のオバサンは、私の嘆願を頑として受け入れず、「列に並んでください」のひと言しか言わなかった。私はその無慈悲な頑固さに圧倒されて、おとなしく列に並び、そのおかげで神のご加護があったのか、発車と同時にバスに駆け込むことができた。

それ以来アメリカという国は、「ルール」というものに、ものすごくやかましい国だという印象があるのだが、あとから考えてみると、このことは「アメリカが銃社会であること」と深く関係しているような気がするのである。

西部劇を見るまでもなく、百年ちょっと前までは、この国は無法地帯だった。みんな拳銃をぶら下げていて、酔っぱらってケンカになり、ピストルを「ドン！」というようなことを平気でやっていた国である。

イエメンではカラシニコフを担いで出歩くのが普通である。もちろんモデルガンではない。ガンベルトも実弾である。

銃社会というのは、ちょっとしたことでタガが外れ、すぐにそういう無法社会に逆戻りしてしまう危険がある。だから誰もがきっちりと法律を守り、例外を絶対に認めないように、お互いに気をつけているのではないだろうか。

そんなことを思ったのは、実はイエメンでのことである。

イエメンも銃社会で、ちょうどサムライが日本刀をぶら下げて城に出仕するようにカラシニコフを肩に提げて外出する。銃は「男のタシナミ」なのである。

イエメンはアラブ諸国の中でも部族社会の伝統が強く残っている国で、国家権力の及ばない武装勢力が各地に蟠踞している。山岳部族の人々は未だに険しい山の山頂に居宅を構え、頑として降りて来ようとはしない。他部族の襲撃に備えた習慣が、根強く残っているのだ。

ともあれイエメンは非常に厳格なイスラム国家なので建前上、酒はご法度なのだが、ホントに誰も酒を飲まないのだろうか。イエメン人にコッソリ聞いてみたら、こんな答えが返ってきた。

「だってオマエ、みんなカラシニコフを持ち歩いているのに、酔っ払ったら危なくてしょうがないじゃないか」

なるほど世の中はよくできているものだ。

「ショキチェン」

イエメンで乗ったバスの運ちゃんは、大変な親日家であった。

「ヤバニか⁉　そうかそうか‼」

我々を抱きしめんばかりの勢いである。少しでも自分の手元に置いておきたいのか、我々の席は運転席のすぐ後ろとなった。事故が起これば死亡する確率が最も高い席であるが、そんなことは、もちろんオジサンに言う必要もないことである。

日が暮れかかる頃にバスは出発した。走り出して間もなく、オジサンが我々を振り返った。

「ショキチェン知ってるか、ショキチェン⁉」

「え？」

「ショキチェンだ、ショキチェン！　おい、ショキチェン出せ、ショキチェン」

オジサンは傍らに座っている、愛想のない若い助手の男に、座席の天袋からダンボールの箱を取り出させた。そこには二十本ほどのビデオテープが入っていた。そこで我々は、オジサンがしきりに言っていた「ショキチェン」なるものが、香港映画スターの「ジャッキー・チェン」のことだと知った。

「どれっすか？」

若い助手は、どれが「ショキチェン」のビデオかわからないらしく、まごまごしている。

「どら、貸してみろ。ショキチェンのビデオはな、確か……」

オジサンは、真っ暗闇で、かつカーブの多い山道を、七割近くの注意力を「ショキチェン」のビデオテープを探すことに費やしながら走り続ける。オジサンの視線が箱をまさぐる手元に注がれ、それから私のカウントが始まる。

一秒、二秒、三秒……

まだ顔を上げない。

四秒、五秒……

徐々にカーブが近づいてくる。

「おい！　前、前！」

そう叫びそうになった時、オジサンはハッと顔を上げ、慌ててハンドルを切る。バスの車体がぐらりと傾いて、タイヤが縁石に触れる直前で回避される。

ふう。やれやれ。

しかし次の瞬間には、オジサンの視線は、またしても「ショキチェン」のビデオ探しに注がれているのであった。

それほどまでに、オジサンが「ショキチェン」にこだわる理由は、我々が「ショキチェン」の同胞であるという、オジサンの確固たる「誤解」によるのであり、同時にそれは、オジサンの我々に対する、さりげない親切の表れなのであった。

「ショキチェン」の映画が終わったころに、夕食休憩がやってきた。

「食事だぞ。ガザ（食事）だガザ」

オジサンは口にものを運ぶ真似をして我々を振り返る。

「いえ、お腹一杯なんです」

我々はバスに残って読書の続きに熱中する。オジサンはそんな我々を残してバスを降りていった。ふと振り返ると、バスの電灯は、本を読んでいる我々の席以外、すべて消されていた。

我々はまたしても、オジサンのさりげない親切に感謝したのであった。

命知らずな人々

ヨルダンの「ペトラ遺跡」は広大な敷地に点在しているが、中でも最奥地にある「エド・ディル」は、断崖に掘られた地上四〇メートルの大神殿で、ペトラ観光のハイライトになっている。

この大神殿を登っている男がいた。私たち観光客が遠くから眺めていると、男は見る見るうちに神殿をよじ登っていく。

「誰か登ってる！」

「ウソ、どこどこ⁉」

というような会話が始まり、群衆の視線は男に釘付けになる。男はほとんど垂直の神殿をぐんぐんよじ登っていって、ついに頂上に立った。

群衆からどよめきが起こる。男は頂上で跳んだり跳ねたり、逆立ちをしたりしてパフォーマンスを繰り広げる。観光客から大歓声が上がる一方で、私は正視に耐えられなかった。高所恐怖症なのだ。他人の危うい瞬間を見ているだけでも、お尻のあたりがムズムズしてくる。それでも顔を覆った指の隙間から眺めていると、男は一方の屋根から数メートル離れた屋根へ、助走をつけ

遺跡の上部、右側の三角形の屋根の下に、男が立っている（丸で囲んだところ）。見えるだろうか？

て一気に飛び移った。しつこいようだが地上四〇メートルである。

　や、やめてくれ。バクシーシ払うから降りてきてくれ。頼む……。

　しかしそんなつぶやきが彼に届くはずもなく、群衆の喝采を一身に浴びて、男は無事に降りてきた。

　間近で会ってみると、自称ミュージシャンという、なんだか落ち着きのない男だった。特にバクシーシを要求されることもなかったので、あのパフォーマンスは単なる彼の趣味らしい。

　途上国に行くと、こういう危機意識の欠如した人をよく見かける。ガソリンスタンドでタバコを吸いながら給油するパキスタン人。幅員三メートルほどの路地を一〇〇キロ近いスピードで運転するインドネシア人。そして地上四〇メートルでパフォーマンスするヨルダン人。

彼らに共通するのは、想像力の欠如だろうか。それとも根拠のない自信だろうか。いずれにしても「死んだらそれまで」という、妙にあっけらかんとした明るさがある。

「死んだら失うものが多すぎる」日本人には到底真似できない、彼らの無頓着ぶりなのであった。

一足飛びの携帯電話

エジプト西部のオアシスで、サファリツアーというのに参加した。四駆のジープで砂漠の中を走り回るツアーである。

広大な砂丘でひと休みしているときに電話が鳴った。なんと運転手の青年が、携帯電話で話しているではないか。この辺鄙な砂漠でも携帯電話が通じるのかと驚嘆した。

モロッコでもサハラ砂漠に出かけた。

ラクダの背に揺られて一時間ほど行った小さなオアシスで一週間ほど過ごした。そこには標高一二〇メートルの巨大な砂丘があるのだが、毎日地元の若者が、その頂上に向かってえっちらおっちら登っていくのだ。

なんでそんなところに用事があるのか。なにか面白いモノでもあるのかと思ったら、その砂丘の頂上が唯一、携帯電話の電波が通じるというのだ。

世界中で携帯電話の普及はすさまじい。設置電話を飛び越えて、爆発的に普及している。電話会社は要所要所にアンテナを建てるだけで、長大な電線を敷設する必要がない。だから莫大な資金も必要ない。人々も、いつ敷かれるかわからない電話線を待つよりも、一足飛びに携帯電話を買ったほうがよっぽど簡単だ。途上国で設置電話を飛び越えて携帯が一気に普及したのには、そういう背景があるんだろう。

シワオアシスで電話するガイドの男性。半径10キロ圏内は無人の砂漠である

私たちも携帯電話にはお世話になった。モロッコからスペインに出国するとき、「偽造パスポートを行使して密入国を企てる中国人」に間違われて、警察に拘束されたんだが、その時、一

緒にいた日本人の携帯電話で日本大使館に連絡。事なきを得た。その時の彼の携帯は、一度日本の電話会社に電波を飛ばして、それをモロッコに再送して大使館員の携帯につなげるという、地球を一周するような奮闘ぶりであった。

恐るべし、携帯電話。

手でお尻を洗う習慣

「インドでは左手は不浄である。なぜなら左手でお尻を洗うからである」というのは、日本人の間でも、かなり知られた習慣だと思う。しかしこの習慣は、別にインドに限ったことではない。東南アジアから中近東にかけての非常に広い地域で、「お尻を手で洗う」のは一般的である。

理由はいくつかあるだろう。まずお金がかからない。特に東南アジアは水が豊富なので、紙なんかで拭くよりもよっぽど安上がりだ。砂漠では水の代わりに砂を使う。これはこれで気持ちがいいものである。同時にエコロジーである。

しかし、それらもさることながら、「清潔である」ことが最も大きな理由のような気がする。たとえばアラブの雑貨屋でトイレットペーパーを買い求めるとしよう。店のオジサンは顔をしかめて、トレペを放ってよこすに違いない。

「オマエは、よくこんなもので尻を拭く気になるな」

オヤジの不快そうな顔には、そう書いてある。

だから私は、あえて鼻をかむ真似をしてから、トレペを買うことにしていた。ティッシュというものは、この地域ではあまり見かけないのだ。

水でお尻を洗い流すのは清潔だし、気分的にも大変いい。日本だってウオッシュレットがここまで普及したのは、水洗浄のすがすがしさを誰もが認めたからに違いない。

現地では、私たちも左手でお尻を洗っていた。最初の頃は要領がわからなくて、ここでは書けないような大変なこともいろいろあったが、今ではかなり器用に、水をこぼすことなくお尻を洗うことができる。紙でお尻を拭くなんて、考えられなくなってしまった。

では、どうやって洗うのかというと、右手で手桶を持って、左手で肛門のあたりを洗うわけだが、和式の場合は股下から手桶でお尻めがけて水をかけながら、背中から回した左手の指先で肛門のあたりを「サワサワ」するのである。洋式の場合は便座と尻の間の隙間に水を落としながら洗う。この場合は狙いを集中しやすいペットボトルの方が使いやすい（しかしこれらは独学なので、正式な方法がどういうものか不明である）。

帰国してしばらくは、拙宅のトイレには、ペットボトルに汲み置いた水が、常にあった。ワケを知っている友人は、それを見てほくそ笑んでいたが、要するにそういうことなのである。

邪視信仰

中近東から地中海一帯で信じられている民間信仰に、「邪視信仰」というのがある。

他人に「嫉妬」を含んだ視線を投げかけられると災いが降りかかるというものだ。

「邪視」は、呪術師のような特別な人が発するものではない。普通の人が、本人も意識しないうちに発するもので、他人に限らず、友人や兄弟など誰でもいい。相手をじっと見つめて、羨むようなことを言ったら危険信号だ。

たとえば待望の男の子が生まれたとする。お隣さん夫婦には、まだ子供がない。たまたま家に遊びに来た奥さんが、息子を覗き込んでポツリという。

「いいわねえ、男の子ができて」

その晩、男の子がひどい熱を出した。

あのとき邪視が放たれたに違いない。

そう考えるわけである。

ピカピカの新車（しかも外車）の背中に特大ナザールボンジュウ。

人間に邪視が放たれると、ムスタファーのように病気になったり、あるいは怪我をしたり、ときには死ぬこともあるそうだ。人間以外のものの場合、たとえば自動車に邪視が放たれると、その自動車は事故を起こしたりするという。

『アラブ・ムスリムの日常生活』
（清水芳見　講談社現代新書）

このようにけっこうシビアな結果を招く危険がある。だから彼らが、いかに神経質に、これを予防しようと努めるかがわかるというものだ。

「ファーティマの手」というのが、中東からマグレブ地方にかけて、よく見られる。ファーティマは、預言者ムハンマドの娘で、四代カリフ、アリーの妻であり、徳の高い女性として知られる。彼女の手は、一種の「お守り」として、玄関ドアの蝶番やドアノッカーの装飾になったりしている。

トルコの「ナザール・ボンジュウ」は、青いガラスを「目玉」に加工したもので、土産物屋でよく見かけるチープなアイテムだが、立派な「破邪のお守り」である。たまたま散歩したイスタンブール郊外の高級住宅街では、かなりの確率で玄関に「ナザールボンジュウ」がぶら下がっていた。お金持ちは当然ながら嫉妬されやすいのだ。

また、あるとき利用した乗り合いバスは、納車したてのピカピカの新車だったが、助手席の背中には、ちゃんと「ナザールボンジュウ」が、こっちを向いて目を光らせていた。乗客からの「妬み光線」をシャットアウトするためである。

私も「ナザールボンジュウ」をひとつ購入してきた。いずれ六本木ヒルズに引っ越したときに、玄関にでも……ってウソです。

アラブ式銭湯「ハンマーム」体験記

「ハンマーム」とはアラブ式の銭湯のことである。初めて入ってみたのは、シリアの首都ダマスカスだった。ドアを開けると、湿度の高い空気が頬をなでた。番台のオヤジが値踏みするような目で私を見る。そして年代物の戸棚から引き出しをひとつ引っ張り出した。

「ここにアンタの貴重品を預けなさい」

オヤジは身振りでそう言った。カメラと現金をそこに入れると、オヤジは引き出しを戸棚に戻してカギをかけ、それを私にくれた。

内部は豪華である。美しいタイルが敷き詰められたアーチがあり、中央には小さな噴水がしつらえてあって、チョロチョロと水が流れる。まるで「アラビアンナイト」の世界だ。

海パンに着替えて（日本のように全裸ではない）、タオルを片手に奥のドアを開ける。

大量の水蒸気でメガネが真っ白になった。内部は四畳半ほどの、いくつかの小部屋に仕切られていて、四方の壁の低い位置に洗面台がある。それを前に床にべたっと座り込んで湯をため、ばしゃばしゃと浴びるのである。そうやってなんとなく湯を使いながら周囲を眺めていると、桶を手にした毛むくじゃらの太った男が通りかかり、私と目が合った。

「こっちに来い」

仕方なく、なんとなく前屈みになってソロソロとついていくと、垢すり台のある部屋に通された。三助のオヤジはぶっきらぼうに言った。

「そこの寝台に行け」

私はおそるおそる垢すり寝台に向かう。

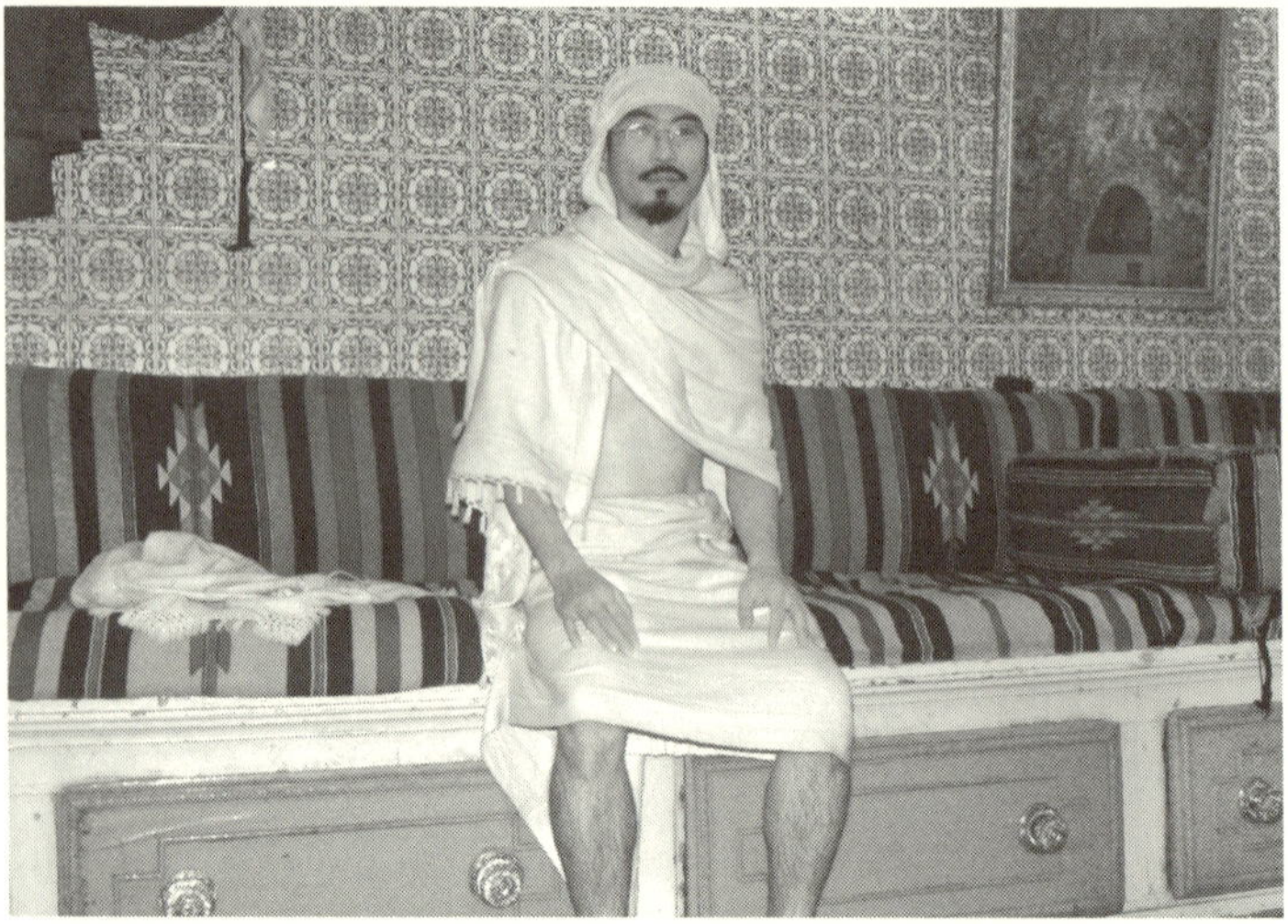

ハンマームの内装はとても豪華。ひとっ風呂浴びたあとは甘いチャイをすすってリラックス。

「ムハンマド！　ムハンマド！」

オヤジが誰かの名を呼んでいる。

だ、誰ですか、ムハンマドさんていうのは。オ、オジサンでけっこうですから、簡単に済ませてくださいよ。あの……

しかしムハンマドは来てしまった。

奥からのっそりと登場したムハンマド。

身長一八五センチ。胸毛ぼうぼう。無愛想。その風貌は、往年のアントニオ猪木と死闘を繰り広げた「タイガー・ジェット・シン」にそっくりの大男だったのである。

ムハンマドは無言で寝台を指し示した。

私はおそるおそる寝台に俯せになる。

「違う」

あ、仰向けですか。

私はいそいそと仰向けになる。ムハンマドは無表情のまま、まるでスイカでも扱うように私の頭をつかんだ。そして強烈な腕力で無造作に右へ、これ以上曲がらないくらいに曲げたのである。頸椎が「グキ」という音を立てた。

「ぎゃあ」

私は悲鳴を上げた。しかしムハンマドの表情はまったく変わらない。そして当然、右と来れば左である。ムハンマドは私の「力み」がゆるんだ一瞬を逃さず、首を左にひん曲げた。

「ゴキ」

「ぎゃあ」

私は二度目に絶叫する。しかしムハンマドの無表情は変わらない。今度は仰向けの私の胸に両手を押しつけ、それを徐々に腹に向けて移動させながら、まるで肛門から内臓を搾り出すように、全体重を乗せてきたのである。

「うぐっ」

私は一瞬息ができなくなったが、一瞬だけだったので死なずにすんだ。ムハンマドは相変わらず無表情だ。私の苦悶などまったく忖度せずに忠実に職務を遂行していく。

ムハンマドはヘチマにオリーブ石けんをこすりつけ、そして今度は意外にも柔らかい手つきで私の腕をとって、ぬるぬると石けんを塗りたくった。そして両腕が終わると、胸から腹にかけて、さらに俯せになって背中にも、同じように優しいタッチでヘチマを使い、洗面台から湯を汲んできて、ばしゃりとかけた。

「座れ」

私は思わず正座した。

「違う」

私は足を投げ出して座る。するとムハンマドは私の背後に回った。そして私の両腕を胸の高さで交差させて、それぞれの手首を握った。そして両方から、すごい力で引っ張ったのである。

「ベキベキッ」

肩関節のあたりで鈍い音がした。私は自分で自分を抱きしめるような格好のまま悶絶しかけたが、気絶せずにすんだのは幸いであった。

「終わりだ。行け」

こうして、どっちが客なのかわからないままに、私のハンマーム初体験は終了したのであった。怖かったぜ。ムハンマド。

「ダメもと」の精神

イスラム世界で道を尋ねると、「あっちだ」というので、歩いていっても辿り着かず、今度は「こっちだ」と言われて、歩いていっても辿り着かず、今度は「そっちだ」と言われ……という話は、おそらく多くの読者が聞いたことがあるだろう。

こういうアラブ人のいい加減さについて、前出の清水芳見氏は、「アラブ人は希望的観測をあたかもぜったい確実であるかのようにいうことがある」と説明する。「だますつもりはないのだから、嘘ではない」というのが彼らの解釈のようだ。このような彼らの「楽観主義」というのは、旅行者が遭遇する「ダメもとの精神」にも遺憾なく発揮される。

エジプトのギザのピラミッドは、世界でもっとも評判の悪い「物売りの猖獗地」である。そのボッタクリの歴史は古く、一九一二年にエジプトを訪れた元慶應義塾塾長の小泉信三も、物売りのしつこさに呆れ、

極言すればポートサイド市全体は哀願脅迫誘惑詐欺等あらゆる不正の手段をもって旅客の懐を巻き上げんとする人間より成るものに御座候。

『そこに日本人がいた！　海を渡ったご先祖様たち』（熊田忠雄　新潮社）

と書き記しているそうである。ちなみにスエズ運河の港湾都市は、当時のエジプト太守サイードの名を冠して「ポートサイード」と名付けられたのだが、それはともかく、ピラミッドに向か

ピラミッドとスフィンクスの黄金風景。撮影している私の背中にはコンビニがある。

って歩いていると、ターバンを巻いて真っ黒に日焼けしたオヤジがすり寄ってくる。

「ミスター！　ラクダはどうだ！　ピラミッドは遠いぞ。ラクダはラクだ！」

当然「ガン無視」である。

「ミスター、これはどうだ！　スフィンクスの置物だ！　たったの二〇ドル！　お土産に買って帰れ！」

このくらいはまだ序の口である。

「ミスター、絵ハガキ買わないか！　安いぞ！　一枚一ドル！」

ぜんぜん安くないのである。さらに無視する。

「ミスター！　喉渇かないか？　冷えたコーラがあるぞ！　一ドルだ！」

いらないよ。

さしものオヤジもネタが尽きたようだ。

しかしここであきらめないのは、さすがである。
「ここまで一緒に歩いて来たんだから、バクシーシ（喜捨）くれないか？」
このオソロシイほどの「楽観主義」は、

間違ってもいいから、なんでも試してみることが重要で、失敗したところで「神が彼に機会を与えなかった」だけであるから、決して恥じる必要はない。

（上掲書『アラブ・ムスリムの日常生活』）

のだそうである。してみると、このオジサンは、「私に断られた」のではなく、「アッラーが売れる機会を与えなかった」と考えているらしいのだ。やれやれ。

値切りのテクニック

最近は途上国でも徐々に「定価」が定着しつつあるが、土産物屋などに行くと、今でも「ふっかける店主」と「値切る客」が普通だ。「値切らないと損をする」という風潮は、今でも根強いものがある。

私の場合は、相手の言い値の半分くらいから交渉を始める。そして徐々に値段が折り合っていき、言い値の「三割引き」くらいが「落としどころ」となるのが理想である。

もちろん相手は百戦錬磨の商人なので、そんなふうにうまくいくことは滅多にない。イランの古都シラーズで、奮発してペルシャ絨毯を買うことにした。オヤジの言い値は一〇〇ドル。あんまり低い言い値から始めて、気分を害されると元も子もないので、八〇ドルから交渉を始めた。

「オー！　ノー！」

オヤジは大げさな身振りで電卓を打つ。「九五」。私は笑顔で打ち返す。「八〇」。

「オー！　ノー！」

オヤジは片頬を引きつらせながら電卓を指し示す。「九〇」。

ここからが勝負である。オヤジも一割程度の値引きは「想定の範囲内」だ。私はもう一度、満面の笑顔で電卓を打つ。「八〇」。

「ノー！」

オヤジは苦悶の表情で拒絶する。私はもう一度、笑顔で電卓を打つ。「八〇」。

「ノー！　ノー！」

オヤジは断末魔の表情で紙切れに数字を書いた。「八五」。

これ以上は無理だ。もう勘弁してくれ。

購入したペルシャ絨毯はサラート（礼拝）用の小ぶりなものだが、柄は細かく、しっかりした作りだ。日本だったらウン万円？

「オーケーだろ？　オーケーだな？」

　オヤジは懇願した。

　結局、オヤジの提示した八五ドルで購入したのだが、あとでバザールを一周して戻ってみたら、その店は早々に店じまいをしていたのである。私との商いで、一日分のもうけが出たのに違いない。

　こういったやりとりを楽しむか面倒くさいと思うかは、本人次第であるが、楽しまないと損であることは言うまでもない。

　日本で「フリーマーケット」が流行したのは、なにも安い物を買いたいというだけではないだろう。値切り交渉の楽しみを、多くの人が知った結果ではないだろうか。

闇両替商

さすがに最近はなくなったが、市場開放してない頃のインドや中国では、闇両替が普通に行なわれていた。外国人旅行者を見つけると両替商がすり寄ってくる。そして薄暗い路地裏へと連れ込み、フトコロからぶ厚い、現地通貨の札束を取り出して、ドル紙幣と交換する。

公定レートなんて無意味だったイランでは一時期、米ドルに十倍、二十倍の高値がついた。「シェラトンホテルに一〇ドルで泊まれる！」といって、嬉々として安宿を出て行く旅行者もいたが、たいがいは居心地が悪くて、一泊で戻ってくる人が多かったそうだ。

こういう両替商は、人を見る目が実に鋭い。相手の身なりや表情で、どれだけカネを持っているかを、瞬時に判断するのである。

先日とある用事で、郵便局で五百万円を引き出したことがあった。現金をカバンに押し込み、郵便局を出ると、さっきとはなんだか世界が違う。やけにクリアに見えるのだ。驚きながら歩き始めたら、今度は後ろが気になって仕方がない。前から来る自転車が怖い。わざわざ立ち止まり、カバンをしっかり握りしめてやり過ごす。明らかに挙動不審である。

5万円ほど両替して、この札束である。地元の人々は「ホメイニが何枚」という数え方をしていた。

面白いから、そのままスーパーに行ってみた。そしたら興味深いことに、自分が他の買物客の服装や表情に、無意識のうちに注目していることに気づいたのである。「やばいヤツかどうか」を見極めているのだ。

なるほど。両替商のオジサンも、こうやって「嗅覚」を身につけるのに違いない。彼らは日々、とんでもない大金をフトコロに商売している。毎日が緊張の連続である。いつ引ったくりに遭うとも限らない。だからいつも、相手の「風体」に注目する必要がある。そして気がつけば、「カネ持ちかどうか」を瞬時に判断する、あの鋭い観察眼が開発されているのである。

日々大金を持ち歩くことで、独自の「人相学」が研さんされるのではないだろうか？

日本人旅行者だけがぼったくられる理由

ムスリムに限らず、日本以外の世界中の人々は、失敗したり他人に迷惑をかけても謝ろうとしない人が多い。西洋人と日本人のこの気質の違いは、「感謝の文化」と「謝りの文化」というふうに説明されることがある。

片倉もとこ氏は『イスラームの日常世界』（岩波新書）で、「西洋の性強説、イスラムの性弱説、日本の性善説」という説を論じている。

西洋では人間は強くなくてはいけない。世の中は競争社会である。程度の差はあっても、弱い者は切り捨てられる運命にあると誰もが信じていて、それに疑問を差し挟む人はいないようだ。

これに対してイスラム社会では、人間はもともと弱い存在であるから、キビシイ法律で日常生活を律しないといけないと考える。飲酒禁止も人間の堕落を戒めたものだし、音楽や文学などの芸術一般が建前上禁止されているのも同じ理由によるのだろう。イスラムでは、人間とは、欲望にからっきし弱い生き物なのだ。

最後に日本人はどうだろうか。日本には「信用」をとりわけ大事にする気質がある。「人柄」

が一番大事。契約書よりも人物を信用する。だから日本人は「性善説」なのだ。

そういうふうに考えたとき、日本以外の世界中の人が、等しく謝らないといっても、その背後にある理由は様々であることがわかる。

西洋では、自分の非を認めることは、多大な賠償を約束することにもつながりかねない。だから罪を認めようとしない。

一方でイスラムの場合は、失敗は「神様の意志」だったので、自分の責任ではないと考える。か弱い人間が、神様に逆らって運命を左右させるなんてハナから無理なことだ。だから、たとえ皿を何十枚割ったとしても、「インシャラー」（神のご意志のままに）で済まされてしまう。自分の意志で、すべてを解決しようとする西洋人とは、考え方がまるっきり逆なのである。

日本人にだけ謝罪を受け容れる文化がある。逆に謝罪しないヤツは、ひどく叩かれる。食品偽装した社長が平謝りする姿は、ニュースでもすっかりお馴染みである。

「謝って済むんなら、警察なんていらねえんだよ」

という言葉は、逆に謝ることで多くの事案が解決してしまうことを物語っている。

日本人はよくも悪くも「お人好し」なのである。世界中で日本人旅行者「だけ」が、ボッタクリ被害に遭うことが多いのは、あながち偶然ではないと思われる。

世界中で日本人女性がモテる理由

「オーストラリア人男性の理想の人生とは、アメリカの家に住み、日本人女性と結婚して、イギリスの給料をもらうこと」

というのは、各国の特徴を見事に言い当てた与太話であるが、ここにある通り、日本人女性というのは、世界中で本当にモテる。

たとえば西洋では「レディ・ファースト」の言葉の通り、男性はなにくれとなく女性に気を遣わなければならないが、日本ではまるで逆なんだから、これはラクだ。彼らが日本人女性を有り難がるのはよくわかる。

イスラム地域では、ひとり旅の日本人女性には、たいがい四、五人の男がピタリとくっついている。イスラム教徒の男性は、結婚の際に「マハル」と呼ばれる持参金を支払う必要があるが、相手が異教徒の場合、その義務がない。もちろん「日本人＝お金持ち」の概念は世界的に定着しているので、いわゆる「ジゴロ」的な男もたくさんいるに違いない。

もうひとつ、ウラ事情としてチラリと聞いた話では、日本のアダルト雑誌の印刷技術が素晴らしく、海外で海賊版がたくさん出回っているそうで、そのせいで「日本人女性＝エッチ」と勘違いしている男性が、世界中に大勢いるということである。

いずれにしても日本人女性は、その気だてのよさと奥ゆかしさで、圧倒的に評価が高いわけだが、しかし一方で日本人男性はどうかというと、残念ながらこれが、まったくモテないのである。理由は「優柔不断だ」とか「背が低い」とか「足が短い」とか、いろいろ説がある。しかし、「メシ、フロ、寝る」が象徴するごとく、日本人女性の甲斐甲斐しさに慣れきってしまって、女性に対する気遣いがスマートに行なえないことが、大きな原因ではないかと思われる。

サウジのレイプ事件

「イスラム社会では女性が抑圧されている」

というのは、先進国で広く認識されている。

たとえば二〇〇七年に、サウジアラビアで起きたレイプ事件の顚末は、その典型的なものだろう。報道によれば、十九歳の女性が七人の若者に拉致され、レイプされるという事件が起きたが、これに対する裁判所の判決は、「被害者」に対して禁固六カ月と鞭打ち二百回であった。

「加害者」ではない。「被害者」である。

罪状は「姦通罪」。姻戚関係のない男たちと、そんな場所にいた女のほうが悪いと、そういうことなのである。

当然ながら西洋のメディアはセンセーショナルに報道し、人権団体は非難の声を上げた。背景には、イスラム社会が家族・姻戚関係を共同体の秩序と考え、女性の行動にキビシイ制約を課していることがあると、新聞では解説していた。

しかしもっと端的に説明するなら、前述の片倉もとこ氏の「イスラム性弱説」のほうが簡単だろう。

イスラムでは、人間は生来、意志薄弱であると規定する。だから性欲にも弱い。よって女性は、男性を刺激しないように常に心がけるべきであると。だから親族でもない男の誘いに乗ってホイホイついていった（つまり男を誘惑した）女のほうが悪いと、そういうことになるわけだ。

この人権感覚の違いを、野蛮であると切り捨てるのはたやすいが、しかしそれではアラブ世界を理解することにはならないだろう。

イジュティハードの門

この事件については、被害者女性がシーア派の信徒だったそうで、スンニ派であるサウジ国内での差別的な判決であったという穿った見方もできるかもしれないが、ここで興味深いのが「イジュティハードの門」と呼ばれる決定である。

イスラム法「シャリーア」は、聖典コーランの他、ムハンマドの言行録「ハディース」をもとに、イスラム法学者が喧々諤々の議論をして、信徒の行ないを細かく規定したものである。たとえば弟子たちの言動に対してムハンマドが黙認した場合、その言動は合法だという判断になる。またムハンマドの態度から類推して、妥当と判断される行ないも合法とされる、などである。

このような議論はムハンマドの死後、数百年続いたが、十世紀頃、ついに議論は出尽くしたとして、「これ以上の詮議は不要であり、二度と吟味しないこと」と結論づけられた。これが「イジュティハードの門」と呼ばれるものである。

この決定については現在でも議論があるようで、「門が閉じられた派」と「閉じられていない派」の間で論戦が続いていると言われる。

革新的な宗教だったイスラム

イスラムは千四百年前には革新的な宗教だった。神秘主義、抽象主義を廃した、きわめて合理的な宗教であった。

ムハンマドは、のちにキリスト教におけるイエスのように、神様に祭り上げられることはなかった。少なくとも建前上は、彼は一介の預言者であり、後世の人々もそのように認識している。

現代の私たちにとって、モーゼの十戒や、キリストが行なったという数々の奇蹟よりも、我々と同じ人間であったムハンマドが、なんの奇跡も起こさず、単に神様の代弁者となって人々を導いたと説明されるほうが、よっぽど合理的であると思わないだろうか。

それまでの、ある意味で伝説だけで語られてきたキリスト教やユダヤ教に対する一種の「宗教改革」として登場したイスラム教が、またたく間に世界を席巻したのは、よく言われるような「コーランか剣か」などではなく、誰もが納得する理性的な教義だったからに違いない。

イスラム教は共同体のあり方を規定し、日々の行ないを規定し、そして女性の権利を保護した。

イスラムでは、特に西洋で悪名高い「四人妻」の制度がある。しかし当時のヨーロッパの貴族は、いったい何人の妻を持っていただろうか。金持ちなら無限に妻を持てたのではないか。それを四人に限定したという意味で、画期的な制度だったのではないか。

あるいは女性の財産分与が男の半分であるという規定がある。しかしわざわざ「男の半分」と規定したのは、「それまでゼロであったものを半分に引き上げた」と解釈するよりも、「女性の相続権が非常に大きかったので、それを制限するために設けた」と考えるほうが自然であるという（『イスラームの日常世界』前掲書）。

イスラーム登場時に女性たちが享受していた権利を、他の文化圏の場合と比較法学的に研究した場合、イスラームの先進性はきわめて明瞭なのである。

『イスラームの心』（黒田壽郎　中公新書）

とあるように、当時のイスラムは、それまで虫ケラのようであった人々の権利を擁護する、画期的な宗教だったと言えるだろう。

アラブの風習

ブルカの習慣は、もともとアラブの風習であったという。
アラビアのベドウインの間では、男たちが遊牧や戦争で、何日も家を留守にすることがあった。彼らの家はテントなので、セキュリティに不安がある。従って夫は妻の不貞を疑うことになる。そこでこのような妙なものを身につけさせ、家からあまり出ないように「女性を隔離する」風習ができあがったと説明される。イスラム教が興ると、その風習が、宗教とともに世界に広まっていった。

貞淑な女は（男にたいして）ひたすら従順に、またアッラーが大切に守ってくださる（夫婦間の）秘めごとを他人に知られぬようそっと守ることが肝要。

『コーラン』（井筒俊彦　岩波文庫）

とコーランにはある。

しかしイスラムの女性がいつも男性に従属的であったかというと、そうでもないようだ。たとえばムハンマドの妻であったハディージャは、メッカの大商人であった。そしてムハンマドよりも十五歳も年長であり、しかも「バツ2」であったと伝えられている。この一事だけでも、千五百年前のアラブ社会での、女性の闊達さが伺える。

ブルカは案外いいものか

「大事なものは隠す」というのは、イスラム社会一般の特徴のようだ。

ダマスカスのスーク（市場）のはずれに、ペンキのハゲかかったような貧相な門がある。しかし一歩中に入ると、豪壮な大邸宅が広がっていた。

聞けば、そこはオスマン時代の太守の私邸「アゼム宮殿」なのであった。

あるいはイスラム建築の傑作といわれるスペインの「アルハンブラ宮殿」。その内部の装飾は素晴らしく華麗だが、外観は泥壁のカタマリのようで、あまりパッとしない。

「外ヅラなんかどうでもいい。大事なのは中身」というのは、あまり格好を気にしないアラブ人らしい発想だよなと納得してしまう。「アリババと四十人の盗賊」もそうだが、人が気にも留め

イエメンの山村で見かけたおばあちゃんは、すでに顔出しOK。写真撮影もOKである。

ないような岩場の奥に金銀財宝を隠しておき、「開けゴマ」で中に入って、ひとり愉悦に耽るのがアラブの習慣なのだ。

アラブ社会では女性も、家の中にかくまって大事にされる。

外に出るときは、有名な「アバヤにブルカ」というのが定番である。現地を旅行する日本人の間では「ブラックオバQ」と呼び習わされる、黒いダボダボの上衣に、顔を隠す布のことだ。アバヤは地域によってはチャドルとも言われる。

西洋では、これまた女性差別の象徴のように槍玉に挙げられるアイテムである。しかし実際はどうなのかというと、私たちがイエメンで知り得た範囲では、彼女たちは「自発的に」これらを身につけるのである。

子供の頃は着用しないが、小学校高学年くらいになると、学校でもアバヤを着る少女が多くなってくる。そうなると身につけないほうが恥ずかしくなるのだという。

逆に一定の年齢に達した女性はブルカやアバヤを着なくなるのだが、それは個人の判断だそうだ。私たちが出会った女性は五十代中頃で、すでに異教徒の私たちに「顔出し」していた。

このように、いつ身につけるか、そしていつ着ないと決めるかは、まったく個人の判断であり、旦那がとやかく言うことではないのである。ここに「女性がムリヤリ身につけさせられている」という西洋的な認識が誤りであることが理解できるだろう。

ブルカは、種類にもよるのだろうが、開放度によって三段階に分けることができる。

第一段階は「顔なし」バージョン。第二段階は「目出し」バージョン。そして第三段階が「顔出し」バージョンである。イスラム女性は、TPOによって、この三段階を使い分けているのだ。

イエメンで実際にブルカを付けていた嫁さんが言うには、「慣れないうちは息苦しかったけど、だんだんと心地よくなってきた」という。こっちは相手が見えるけれど、相手はこちらを見ることができない。そこにある種の優越感のようなものを感じるようになったのだそうだ。

彼女が地元女性に聞いたところ、やはり「ブルカはたいそう重宝している」と言っていたそうだ。私たちが思っているほど、アラブの女性はブルカに対して不自由を感じていないのかもしれない。イスラム女性を長く取材する常見藤代氏によれば、現地の女性が、こういう野暮ったい服装を嫌々やっているのかと言えば、決してそんなことはない。むしろ好んで肌や髪を隠す。「私のこの高貴な美しさを、タダで見ず知らずの男に見せるわけ?」と思うからだ。

『女ひとり、イスラム旅』(朝日文庫)

チャドルはなんでも隠してくれる。たとえ穴の開いたジャージを着ていてもOK。チャドルがすべて隠してくれるのだ。

そしていったん家に帰ってチャドルを脱ぎ捨てた彼女たちは、キラキラのド派手なドレスを身につけているのだそうである。市場で売っている女性下着など、ちょっと正視できないくらいキワドイのがある。

常見氏によれば、このようなセクシーランジェリーは新婚カップルには不可欠であるという。イスラム圏では婚姻時に、男も女も童貞と処女である場合が多いので、結婚と同時に、言葉は悪いが「やりまくり」、そして次々に子供が生まれる。

日本の少子化の原因のひとつは、間違いなく婚前交渉にあると私は思うのだが、その傍証にもなりそうだ。

イスラム女性のファッション

私の嫁によると、トルコ女性よりもエジプト女性のほうが、スカーフの巻き方などがオシャレなのだという。

しかしこれはちょっと考えてみるとおかしい。トルコのほうが開放的なので、オシャレをするにも幅があるはずである。しかしエジプトの若い女性のほうがオシャレであると彼女は主張するのだ。

たとえばエジプトの女性は二枚のスカーフを巧みに合わせて巻いていたり、内側に被る帽子との色の合わせ方など、バラエティに富んでいるという。それに比べてトルコの女性は、一枚のスカーフを単に巻いているだけで、そこにはエジプト女性のような工夫はないのだそうだ。

というようなことを話していると、

「それではなぜ、保守的なエジプト女性のほうがオシャレなのか」

というギモンに突き当たるのである。

しかしその答えは意外とすんなりと導き出された。

エジプトのブルカはバラエティに富んでいて、身につけたほうが目立つのでは？というモノまで売っている。

答えはこういうことである。

トルコの女性は、そのご家庭が開放的な場合、スカーフなど最初からしないのである。だからスカーフをしている女性の家庭は必然的に、厳格なムスリムのご家庭ということになる。そしてそういうご家庭は保守的であるが故に、地味なファッションにならざるを得ないのである。

これに対してエジプトでは、基本的にすべての女性がスカーフで髪を隠さないといけない。そこには選択の余地はない。だからスカーフの巻き方や色の合わせ方で差別化を図るしか方法がなくなる。従ってエジプト女性のほうに、より巧妙な工夫が施されたスカーフファッションが出現する。簡単に言えば、女子校の制服と同じようなものなのではないだろうか、という結論なのだった。

一方でイランの女性は、ブルカを着用する若い女性人は少ないものの、アバヤ（イランでは「チャドル」という）着用が義務づけられている。

そこでイラン女性は顔面で勝負することになる。一般にイラン女性は非常に化粧が濃いというのが我々の印象である。黒いアバヤから覗かせるその顔は、はっきりした目鼻立ちを、さらに際だたせるような濃いアイラインが引かれ、一度見てしまうと目を離せなくなる。ということで上記三国を比較するとこうなる。


エジプト女性はスカーフで勝負する。

トルコ女性はヘアスタイルで勝負する。

イラン女性は顔面で勝負する。


イランやトルコでは、女性向けの消費物資が充実しているのが、他のイスラム諸国にない特徴であると思う。バザールの宝石店のショウウインドウで足を止め、精緻な細工が施された宝飾品の数々にうっとりと見入っているイラン女性を見ていると、イスラム諸国における女性の社会進出が、様々な面で重要になってくるのに違いないと、考えずにはいられないのであった。

日本などの先進国では、化粧品やファッション、グルメ、旅行など、あらゆる分野で女性の消費活動が、かなりのウエイトを占めている。世の中でお金を使うのは、男性よりも断然、女性なのだ。

そう考えると、女性が家に留め置かれ、日々の買い物すら旦那が代行するイスラム社会というのは、本質的に経済が停滞する宿命にあるとも言えるのではないか。

トルコやイランは、スタイルは違うものの女性の社会進出が、かなりの程度達成されている一方で、街中では女性の姿すら見かけないパキスタンのような国が低迷しているのは、ある意味で当然であると言えるかもしれない。

第2章

庶民の感覚でイスラムを知る

アッラーを信じないのか⁉

イエメンの田舎町を歩いていると、モスクの前で、ふたりの男と出会った。私が外国人であると認めると、そのうちのひとりが、

「お前はイスラム教徒なのか？」

と私に尋ねた。私は嘘をつくのもなんなので、若干申し訳なさそうな顔をして、

「違います」

と答えた。すると片方の男が天を指さして、

「お前はアッラーを信じないのか？」

と重ねて質問した。男たちの顔には、驚きと同時に、ある種の嫌悪の表情がありありと表れた。それはイエメンに来てから初めて私が接した、異教徒に対する忌避の表情であった。

その男たちとは、モスクからほど近い、友人の家まで一緒に歩いたが、彼らは決して私たちに近づこうとしなかった。それればかりか、そこで待っていた主人が、食べ物を盛った盆をもって出迎えに出てきて、私たちに勧めたときに、その男が私を指さして、

「ムスリムではない、あの男が食べた食物を、我々が食べていいのか」

というようなことを、声高に話しているのを、私は少し離れたところから眺めていたのであった。こういう異教徒に対する、あからさまな忌避の態度について、一緒にいたイエメン人は、

「あの男は宗教心の強い男なんだ」

といって釈明した。しかし私の心には、なんというかイスラムの底知れぬ不可解さのようなものがわだかまってしまって、なかなか離れようとしなかった。

「神を信じない＝神に感謝しない」の論理

アラビア語では「神を信じる」という言葉の代わりに「神に感謝する」という表現がよく使われるそうだ。「信仰」と「感謝」も同義語であるという。だから、アッラーを信じない人々＝アッラーに感謝の気持ちをもたない人々＝不敬な人々という公式が直ちに成立してしまうのである。だから「無信仰」と「忘恩」という言葉は同義語なんだそうだ。

これは異教徒にとっては、なかなか厄介な問題である。かといって、信じていないものを信じ

ているというのも心苦しいものがある。

アラブ人と宗教について議論するのは不毛であると、よく言われる。エジプトでも、乗り合いバスで私の前に座っていた男性が話しかけてきた。

「あんたはどこから来たんだ?」

「日本です」

「日本人はアッラーを信じてるよな?」

「我々はブッディストなもんですから」

「なんだって?」

私は「指さし会話帳」を取り出して指し示した。

「ブッディストです」

「ブッディストはアッラーを信じてるんだよな?」

「……ええ、もちろんです」

そして私は言った。

「アッラー・アクバル」(アラーは偉大なり)

ムスリムと宗教の話をしても不毛なだけである。正確に理解してもらおうにも、その方法もないし、おそらく理解もしてもらえないだろう。だから私たちには曖昧に答えるより方法はない。それはムスリムと私たちが、もっとも理解し合えない最大の部分だろうと思う。宗教に対する姿勢がまったく違う彼らに、私たちの不信心と、その理由を説明するのは、生の魚を食べない彼らに刺身の美味さを説明するのと同様に、不毛なことなのだろうと思うのである。

最後の審判

たとえば日本人の大多数は現実主義者で無神論者である。私たちにとっては、この世の中こそがすべてである。

神も仏もあったものではない。

死んでしまったらそれで終わり。今現在の人生を享楽しないと損をする。だから、はかない人生が終わってしまわないうちに、少しでも楽しい生活をしようと、必死に働いてお金を稼ぐのである。

また一方で社会的地位を手に入れて、「社長」「先生」などと呼ばれて尊敬され、いい気分になりたいし、大金持ちになれば慈善団体でも設立して、篤志家として感謝され、やはりいい気分になりたいわけである。すべてが現世御利益である。

しかしムスリムの人々は違う。

彼らにとって現世というのは、仮の人生である。

いつの日か、一天にわかにかき曇り、すさまじい嵐と巨大地震が起こり、大地が割れて、死んだはずの死者たちがよみがえる。そして荘厳な神の声が響く。

最後の審判である。

そういう日が必ず来ると彼らは信じている。

彼らは人間の両肩に、ふたりの天使がいると信じている。片方はその人物の善行を記録し、もう片方が悪行を記録する。そして最後の審判では、その人物の善悪の所行が天秤にかけられ、善い行ないのほうに傾けば、彼の目の前には天国へのバラ色の道が開かれる。

しかしもしも悪いほうに傾けば、哀れ男は地獄に放り込まれ、業火に焼かれる苦悩の日々が待っている。彼らはそういうことを本気で信じているのである。

コーランが教える天国とは？

国立民族学博物館元館長の石毛直道氏によれば、

宗教哲学に無知な無信仰者の見解として、宗教にあらわれる禁欲思想を皮相的に解釈するならば、それは人間の欲求水準を低くおさえておくことによって、社会秩序を維持しようとする方法であるといえる。（中略）巨視的にいえば、物質的な生活水準が満たされたときには、宗教はあまり力をもたなくなる。社会的矛盾の上に宗教はひとつの活力を見いだす、という傾向があるようだ。

『食事の文明論』（中公新書）

というわけで、宗教が貧困層の間で、いっそう強い力を持ち、貧困であればあるほど宗教に熱心な人々が増えるわけである。これには、特にイスラム圏を旅行した経験がおありの読者は大いに首肯することと思う。そして一般の日本人が概して宗教に無関心であることも納得できよう。日本人ほどの無神論者は、おそらく世界でも珍しい。世界中の多くの人々は、程度の差こそあれ、神様の存在を信じている。日本人にとって、いかに荒唐無稽な言説でも、彼らは信じて疑わない。五千八百年前に神様が、六日間で世界を創ったと本気で信じているような人が、実はこの世界では圧倒的多数派である。

ともあれ、そうやって最後の審判を畏れている彼らにとっては、現世というのはあくまで仮の人生でしかない。なにしろ天国に行けば、信じられないような極楽が待っているのだ。

神を怖れる人々は平安無事な場所に行く。

あたりは一面の緑の園、見はるかす葡萄畑。
胸のふくれた乙女たち、年齢ごろも丁度よくつり合って。
人々はそこで臥牀《ねだい》に身をのばす。
そこではもう灼けつく太陽も
凍る寒気も襲って来ない。
緑濃き木陰は低く頭上を蔽い
房々と果実は垂れて。
一座にまわる白銀の水差しとたけ高の盃、
見ればみな、これは見事な玻璃づくり、
ぴったりと量ってつくった銀の玻璃。
生薑をほどよく混ぜた盃がまわり、
サルサビールと呼ぶ天上の泉の水を飲む。
お酌してまわるお小姓たちは永遠の若人、
一面にまき散らされた真珠かとまごうばかり。

『イスラーム生誕』（井筒俊彦　中公文庫）

「サルサビール」というものがどういう飲み物なのか、気になるところではあるが、それはともかく、どうせ天国に行けば、極楽浄土が待っているんだから、今はまあ我慢しておこうかと、彼らが考えるのは、無理もないことである。

どんなに現世で地位と名誉を手に入れても、それは天国で待っている快楽に比べれば鼻クソのようなものである。サウジの王様も、死んでしまうと一般市民と同じように地中に埋められて、その上に石ころをひとつ置くだけだという。

彼らにとって現世がいかに虚しいか、というよりも、どうでもいいものかを物語っているだろう。

ユダヤ教キリスト教イスラム教

イスラム教では、イエスもモーゼもアブラハムも、ムハンマドと同じ「預言者」という扱いになっており、イエス・キリストだけが特別であるという意識はない。彼らにとっては単なる「ナザレのイエス」であって、「キリスト」（救世主）という言葉は使わない。

イエスが登場した西暦二〇〇〇年前後のころには、「われこそは救世主である」という「自称預言者」が、たくさんいたそうだ。新興宗教が乱立する、一種の宗教改革の時期だったのだ。イエスもそのうちのひとりだったが、数ある新興宗教の中から勝ち残り、ついにはローマ帝国に公認され、世界宗教に発展した。

最初に登場したユダヤ教は、きわめてアラブ的遊牧民の気質に近いものだった。極度に排他的で、教義は利己的である。その宗教改革として生まれたキリスト教は「隣人愛」を説き、ユダヤ教にはなかった普遍性を獲得する。さらにその後に生まれたイスラム教は、普遍性とともに、堕落した人間を厳しく戒める細かな戒律を定めた。当時アラビア半島で酒を売っていたのは、キリスト教徒とユダヤ教徒だった。彼らの現世における享楽的な態度に対する改革として登場したのがイスラム教であった。

キリスト教が生まれた、ちょうど六百年前にユダヤ教の教義が完成し、ちょうど六百年後にイスラム教が誕生している。つまり、この地域では六百年ごとに、大規模な宗教改革が行なわれていることになる。ではその六百年後の十三世紀には、なにがあったのかというと、無神論者のモンゴル軍が怒濤のように押し寄せて、栄華を極めたバグダッドのイスラム王朝を、ほとんど完全にぶっ壊してしまったのであった。

メソポタミア

いわゆる「肥沃な三日月地帯」というのは、イラクのチグリス、ユーフラテス川を北西に遡り、さらにレバノン山脈に至って南下、死海からナイル川に至るまでの「へ」の字型の一帯のことで、言うまでもなく「世界最古の文明」が興った地域である。

僭越ながら私は、この地域を旅行してみて、なぜここに人類初の文明が興ったのかを理解したのである。異論もおありかと思うが、とりあえずお聞き願いたいのである。

この地域には「テル」と呼ばれる小高い丘がいくつもある。この丘は、かつての都市の遺跡である。この地域の民家は、たいがい日干しレンガでできているが、これが戦争とか天災で崩れ落ちる。するとその上に新しく家を建てる。また災害が来る。建て直す。これを繰り返して何千年も経つうちに、いつしか都市は、小高い丘になっているというわけである。

災害とは多くの場合、戦争である。

つまりこの地域では頻繁に戦闘が行なわれていたのだ。

いったい誰と?

砂漠のベドウインである。彼らは収穫の時期になると、大挙して農村に襲いかかり、食糧を略奪していく。つい百年くらい前までは、そういうことが行なわれていた。

つまりこの肥沃な一帯は、農民にとっては「天与の土地」である一方で、常に略奪の危機にさらされている「危険な土地」だったのである。だから人々は、早い時期から共同で武装し、襲撃に備える必要があった。その中から有能なリーダーが現れ、城壁が築かれ、さらに都市国家に発展していく。

同じく肥沃な土地であったにもかかわらず、遅くまで文明が発達しなかった東南アジアなどは、要するに、みんなが幸せに、のほほんと暮らしていたからに他ならない。つまり危機感がなかったのである。

肥沃な土地であり、かつ危険な砂漠の民と隣り合わせであったこと。

これこそが、この地域にいち早く文明が誕生した理由ではないだろうか?

「ある」と困る古代遺跡

パレスチナ自治区にある古代都市「ジェリコ」は、世界最古の都市遺跡のわりには、かなりおざなりな保存状態だった。ロープを張った杭は所々倒れているし、近所の子供たちが入り込んでサッカーに熱中していてもホッタラカシである。パレスチナ自治区なので金がないのだろうかと思ったが、そうでもないのかもしれない。

ジェリコは紀元前七〇〇〇年という、非常に古い時代の遺跡なのだが、この年代というのは、旧約聖書にあるところの、ヤハウェによる「天地創造」の年代、紀元前三七六一年を軽く越えてしまうのである。つまりこの三宗教にとっては、まことに都合の悪い遺跡なのであった。

だから早く風化して、なくなっちまえばいいと思っているのではないだろうか……というのは嫁さんの意見なのだが、果たして真実はどうなんだろうか？

スーパー古代都市ジェリコもテル（小高い丘）の上にあった。

一神教ができた理由

シナイ山は、かのモーセが十戒を授かった山として名高い。標高二〇〇〇メートルほどの、この山には、今でもユダヤ教徒やキリスト教徒の巡礼団がご来光を拝みに登っている。

周辺はとてつもなく不毛である。果てしない岩山の連なりがあるばかり。こんなところをユダヤの民は、よくぞ横断したものだ。人智を寄せ付けない険しい大地を眺めていて、私はフト納得したのである。世界に偉大な影響を与えたユダヤ教、キリスト教、イスラム教が、なぜこんな不毛な土地で誕生したのか。それは平たく言ってしまうと、

「拝むものがないから」

なのではないのかと。

逆のことを考えてみれば、わかりやすい。

モンスーン気候のアジアでは、仏教やヒンズー教のような多神教とアニミズムが一般的だ。日本も「八百万の神」である。木、草、山、川、海、動物。拝むものがたくさんあり、それぞれが恵みを与えてくれる。祭祀の対象が豊富にあるアジアで多神教が広まったのは当然だろう。

シナイ山は岩山が連なる怖ろしく不毛な山である。

それに対して砂漠はどうだろう。遮るものがない三六〇度の地平線。行けども行けども不毛な砂の海。おまけに灼熱地獄で、じっとしているだけでジワジワと死が迫ってくる。

「おお。神よ。なぜアナタは、こんな試練をお与えになったのか」

おそらくこれが「原罪」という思想の始まりではないか。

そして崇拝する対象が、なにひとつとしてない砂漠地帯で、目に見えない、人間を超越した唯一絶対の神様を人々が想定するのも、あながちわからなくもない気がするのだ。

モンスーン世界では、神様といえば自然の恵みを与えてくれる豊饒の女神だ。対する砂漠の宗教では、神様は人々に絶対服従を要求する、非常にキビシイ男性の神様となって現れる。キリスト教も、温暖な地中海地方に行くと聖母マリア信仰が強くなる。やはり農業といえば女神なのである。

恵みの女神と怒りの男神。

その違いは、両者の自然環境の違いを顕著に投影しているとも言えそうだ。

ノアの方舟伝説

歴史学者の宮崎市定教授によれば、古代伝説には、古い時代に向かってだんだん発達していく「加上の原則」があるという。

たとえば、独自の神話をもっているある民族が、周辺の他民族を征服すると、被征服民族の神話が新たに混入する。その時、独自の神話は、すでに現在までの道筋だった系譜ができあがっているので、新しい神話が入り込む余地はない。だからその起源の、さらに前に付け加えられるというのだ。つまり長大な叙事詩のうちの「古いものほど新しい」という珍妙な現象が起こるのである。

この話を聞いて直ちに思い出すのが、旧約聖書の「ノアの方舟伝説」である。あのエピソードは、実はメソポタミアの「ギルガメシュ伝説」の洪水物語に起源があるのだという。

旧約聖書は、いわゆる「バビロン補囚」で、ユダヤ民族がメソポタミアの首都バビロニアに連行された時期に編纂されたとされるが、このときに上述の「洪水伝説」に触れ、旧約聖書に混入されたのだろうと言われる。

旧約聖書では、「ノアの方舟」の挿話は、ユダヤ民族の最初の族長であるアブラハムよりも十何代も前の話として紹介されている。つまり「後付け」なのである。

「アラビアのロレンス自伝」には、以下のような文章がある。

一時代前には、ワスタは繁盛をきわめ、人家何千と称していたが、ある日、洪水が巨大な壁のようになって、ワディ・サフラに押し寄せ、数多くのシュロ樹園の堤防をこわし、シュロをさらい流してしまった。幾世紀ものあいだ。人家が建っていた島々は、水中に没し、泥の家屋は溶けて流れて、もとの泥となり、屋内の奴隷たちは不憫にもおぼれて死んでしまった。

『砂漠の反乱』（柏倉俊三訳　角川文庫）

この洪水の大波は高さ八フィート（二・五メートル）にも達して、三日間濁流となって流れ続けたのだそうだ。

集中豪雨による未曾有の大洪水が、アラビアの砂漠地帯では、数百年に一度という単位で起こる。近年でもサウジアラビア（二〇一三年十一月）やモロッコ（二〇一四年十一月）で時ならぬ洪水が発生したことがニュースで伝えられた。

このような災害の記憶が、「ノアの方舟」のような洪水伝説につながっていったのだろう。

遺跡に住む人々

地中海一帯の古い町では「二千年前の遺跡と同居している」というのは、ごく普通の感覚のようだ。

たとえばエジプトのリビア砂漠にある「シワ」は、かつてアレキサンダー大王が東征の途中に立ち寄ったと言われる古くからのオアシスで、村はずれにローマ時代の墓地が残っている。丘陵にポコポコと穴があいていて、それが古代のお墓なんだそうだ。よく見ると人骨らしいのが見える。第二次大戦中のイタリア軍の爆撃で、ずいぶん壊れたそうだが、修復もされずにホッタラカシである。二千年前の墓地なのに、である。

シリア南部の「ボスラ」は、巨大なコロッセウム（円形劇場）が残る世界遺産だが、周辺を散策してみたら、遺跡の中に人がたくさん住んでいた。

シリアの世界遺産ボスラは、ほぼ放置状態だったが、現在、住民の移住計画が進められているそうだ。

言ってみれば「遺跡が村」。というよりも「遺跡があるから人が住んでいる」といったほうがいいかもしれない。高さ十数mの巨大な石柱を、そのまま家畜小屋の一部に使っている。あるいは遺跡の一部を門柱にしている民家もある。二千年前の石畳がそのまま使われ、子供たちがサッカーをしている。フト地面を見ると、なにやら色とりどりの細かな石が並べてある。

おお。なんということか。それは二千年前のモザイク画であった。

日本だったら大変だ。住民全員が立ち退きさせられ、警察が厳重に警備するだろう。そして大学のエライ先生がやって来て綿密な修復作業が行なわれ、博物館のガラスケースに入れられる。そんな貴重な文化財が足元に放置され、蹴っ飛ばせば一部が欠けるのである。

しかし地元の人が、ことさらそれを気にしている様子はない。考えてみれば彼らとて、この遺跡に住んで数百年も経つに違いないのだ。数百年も数千年も、彼らにとっては、たいした違いはないのかもしれない。

「ジャヒリーヤ」の時代

このような過去の遺跡に対する無関心は、「イスラム」という宗教にも関係しているように思える。イスラム教では、預言者ムハンマドが神の啓示を受ける前の時代を「ジャヒリーヤ」(無明時代)と呼ぶそうだ。「明かりのない時代」である。つまり彼らにとっては、イスラム以前の時代なんていうのは、野蛮この上ない「暗黒時代」だったわけだ。

エジプトの地元住民にとって、ギザのピラミッドやルクソールの大神殿などウルトラ級の世界遺産は、なんの価値もない大昔の遺物にすぎない。だから墓ドロボウ以外は誰も関心を払わない。それをそれなりに整備してキレイに保存しているのは他でもない。外国人観光客がゴッソリお金を落としていってくれるからである。

同じくヨルダンの世界遺産「ペトラ遺跡」も、十八世紀までは地元のベドウィンにしか知られていなかったそうで、遺跡の内部はたき火のススで真っ黒である。野宿するのに好都合だったんだろう。

カイロの郊外には「フスタート」と呼ばれる地域がある。カイロがイスラム帝国の首都になる前に栄えていた市街地だが、ここは現在でも、まったくの廃墟で、人っ子ひとり住んでいない。おそらく掘れば、たくさんの遺構が出土するのだろうが、誰もそんなことはしない。実際、ここのシナゴーグを取り壊そうとして、たまたま屋根裏から発見されたのが「ゲニザ文書」といわれるものであった。

中世のユダヤ教徒には、「神」という言葉が書いてある紙はどんなものでも捨てずに取っておく習慣があり、これらの文書を、後で「埋葬」するまで、無造作に保管しておく倉庫がゲニザ（保管室）だったのである。

『砂糖のイスラーム生活史』（佐藤次高　岩波書店）

「ゲニザ文書」は雑多な文書の寄せ集めで、当時の暮らしを知る貴重な資料となっているそうだが、それはともかく、そういう文脈で考えれば、タリバンが世界遺産の「バーミヤンの大仏」を爆破したり、ＩＳ（イスラミック・ステート）がローマ時代の出土品を高値で売り飛ばしたりするのに、なんの躊躇もないことが理解できるというものである。もちろんそれが、とんでもない蛮行であることには変わりはないのだが。

これほどまでに「イスラム前」と「イスラム後」で明白に区別されるというのは、イスラム教が、いかに大きな影響を人びとに与えたかを物語っているだろう。

まさに「アッラー・アクバル」（神は偉大なり）なのである。

イスラム暦は遊牧民の暦である

イスラム暦（太陰暦）というのは一年間が三百五十四日あるいは三百五十五日で、太陽暦と比べると十日ほど短い。だから毎年十日ずつ繰り上がっていき、三十三年で一巡する。なんでこんな面倒な暦を採用したのだろうか。これでは同じ時期に同じ月が来ないではないか。そんな私のギモンは、モロッコ在住のM氏の指摘で見事に解消された。

イスラム暦は砂漠の暦なのである。遊牧民が用いる暦である。砂漠には四季がない。そしてもっと重要なことには、農業がない。農業がないので、同じ季節に同じ月日が来る必要がない。つまり太陽暦というのは、農民のための、農民の便宜をはかった暦なのであり、その発想ではイスラム暦を理解することができないのだ。

アラブ諸国でもエジプトは特殊な国と言われる。「エジプトはナイルの賜」という言葉通り、世界有数の長い歴史を持つ農業国家であった。そしてそのエジプトでは、イスラムが広まるまでは太陽神ラーが最も主要な神様であった。

しかし砂漠では太陽よりも月のほうがエライ。農耕民族の間では「君は僕の太陽だ」などと言われるが、アラブでは「月のように美しい女性」という言葉が使われるそうだ。

イスラム諸国の国旗には「月」が多いが、一日でもっともくつろいだ時間である日没後に登場する月がふさわしいと考えるのは自然のことだろう。逆に酷暑の象徴である太陽は、彼らにとっては「呪い」である。そして太陽よりもエライ月の運行をもとにした太陰暦が、砂漠の遊牧民の間で採用されたのは当然なのかもしれない。

もっとも、変化に乏しい砂漠の世界で、「三十三年で一巡する」という意外性が、案外ウケたためかもしれないが。

モロッコの王朝

一般に遊牧民の歴史というのは栄枯盛衰が甚だしい。

モロッコの歴史は複雑すぎて、外国人にはとんと理解できない。ほとんど唯一、体系的に説明してくれる『紀行　モロッコ史』（那谷敏郎　新潮選書）とガイドブックの年表から、王朝を整理してみようと思う。

これを読むと、だいたいのモロッコの歴史の流れがわかるのだが、まず気がつくのはこの国の王朝が、ほぼ百年単位で次々に入れ替わっていることである。

703年　アラブ軍が本格侵入。

↓（85年間）

788年　イドリズ朝成立。

↓（186年間）

974年　後ウマイヤ朝による支配ののち、諸侯乱立。

↓（82年間）

1056年　ムラービト朝。

↓（91年間）

1147年　ムワッヒド朝。

↓（111年間）

1258年　マリーン朝。

←（207年間）
1465年　諸侯乱立。
←（84年間）
1549年　サアード朝。
←（117年間）
1666年　アラウイー朝。
←（290年間）
1956年　ベン・ユーセフ（現国王の祖父）の指導によりフランスから独立。

平均値は一三九年である。
この年表を見て、モロッコ歴代王朝の栄枯盛衰の忙しさを思わずにはいられない。これに比べたら、たとえば朝鮮半島なんて、なんと平和な歴史を歩んできたのかと感嘆せざるを得ない。
そしてこの煩雑な歴史に遊牧民ならではの烏合集散の常を見るのである。かつてイスラムの歴史家イブン・ハルドゥーンは次のように断言した。

王朝の寿命は三世代で、この世代を経るうちにその王朝は老衰し、弱り切ってしまう。したがって祖先の威光が完全に崩れるのは、第四世代になってからである。

（中略）三世代の期間が一二〇年であることはすでに述べた通りで、一般に王朝は、たまたま誰も王朝を攻撃する者が現われない場合を除いては、多少の長短があってもそれ以上存続することはない。

『歴史序説一』（森本公誠訳　岩波文庫）

日本でも「売り家と唐様で書く三代目」という川柳があるが、まさに同じことだろう。一世代目は成り上がりの野心家であり困窮を知っている。二代目は父親の苦労や徳を見て育ったので、それほど逸脱しない。三代目になると奢侈に走って国家は衰退するわけである。

騎馬民族の研究で有名な江上波夫氏によると、遊牧民族国家というのは、ひとたび有能な指導者が現れると、諸部族を糾合して瞬く間に巨大な勢力となるのだが、その英雄が死んでしまうと、相続争いによって、まさに空中分解するように解散してしまうのだそうだ。

遊牧騎馬民族国家は興隆すのも驚異的に早いが、没落するのもまたおなじようにひじょうに急激であるという傾向があって、突厥の歴史は、じつによくこのことを示しており、ほとんど二世代おきに、はげしい消長を繰返したのである。『騎馬民族国家　改版』（江上波夫　中公新書）

モンゴル帝国やチムール帝国が、その好例だが、モロッコにもその例を見ることができるかもしれない。離合集散常ならぬ遊牧民族特有の歴史を、この国も歩んできたのだということがわかる。

モンゴル帝国

「モンゴル」というのは、かつては巨大な「ブランド」だったようだ。

たとえばラオス北部の少数民族「モン族」は、自らを「モンゴルの末裔」と称している。アフガニスタンには、かつて日本の京大探検隊が調査した「モゴール族」がいるが、彼らも「モンゴルの末裔」だそうだ。近世にインド北部を支配したムガール帝国も、語源は「モンゴル」だという。そして中央アジアの英雄チムールも、「チンギス・ハンの子孫」を自認していた。

このようにアジアの至る所に、自分たちがモンゴルの末裔であることを誇りにしている人たちがたくさんいる。その理由はモンゴル帝国の強大な軍事力によるのだろう。かつてチンギス・ハンは語ったそうである、

人生の楽しみは敵を殲滅することである。略奪した駿馬に乗り、捕虜にした妻妾を後宮に入れるに至っては、これ以上の悦びはない。

『アジアの帝王たち』（植村清二　中公文庫）

イランで見かけた男の子は、日本にもいそうな顔立ちである。

モンゴル軍は、容赦なく町を破壊し、人々を殺しまくった。略奪の限りを尽くしたあと、モンゴル軍が去ったことを知らせるラッパを吹かせ、隠れていた人々が「やれやれ」と顔を出したところを殺したり、あるいは砂漠の都市では、水源を断つという「オキテ破り」を平気でやり、数多くのオアシスが廃墟に追い込まれたという。学芸の都バグダッドに乱入し、膨大な書籍をチグリス川に放り投げ、街を焼き払った。それがイスラム帝国の凋落の遠因になったと、今でもバグダッド市民は恨んでいるそうだ。世界中の人々を震え上がらせた、その苛烈な軍事力が、いつしか伝説として語り継がれていったのだろう。

モンゴルと覇権を争ったトルコ民族も、もともと中央アジアの遊牧民だった。「突厥」とか「鉄勒」とか「丁零」とかいう名前は、みんな「テュルク」の漢語訳で、もとは同じ人たちのことらしい。彼らは混血を繰り返しながら遠く西へ西へと移動して、現在のアナトリア（小アジア）に安住した。だからエジプトやイエメン、モロッコなどでは、まったく見かけなかったモンゴロイド系の懐かしい顔を、シリアやトルコではチラホラと見かける。ダマスカスの道ばたで遊んでいた少年の顔は、まさに朝青龍に似ていて、思わず微笑んでしまったのであった。

「ハッジ」とは？

アラブの旧市街を歩いていると、黒くて四角い箱のような絵が壁に描かれているのを、しばしば見かける。メッカの「カーバ神殿」である。飛行機や鉄道、モスクが描かれることもある。その家はハッジの家だ。

「ハッジ」（hajj）はイスラムの「五大義務」のひとつで聖地メッカへの「巡礼」を指す。ハッジに行った人も「ハッジ」と呼ばれて大変尊敬されるという。今でこそ、それほど大変なことではないのかもしれないが、交通機関が未熟だった時代では、ハッジといえば、お金に余裕のある人でないと行けない、人生一度きりの大旅行だった。

エジプトで見かけたハッジの絵には、メッカの大モスクとカーバ神殿、飛行機などが描かれていた。

北京まで訪れたという十四世紀のモロッコの旅行家イブン・バトゥータも、実はハッジだったそうだ。ずいぶん遠回りしたものである。日本の「富士講」や「お伊勢参り」と比べるのも失礼だが、ハッジは物見遊山の旅行も兼ねていたようだ。

ハッジは同時に物流でもあった。メッカを目指す人々は各地で隊商（キャラバン）を組織した。それは各地の交易品が運ばれるルートでもあったので、東方貿易で莫大な利益を上げていたサラセン帝国やオスマン帝国にとってキャラバンの安全を確保することは、死活的に重要であり、国の威信にかかわることであった。

巡礼というと、近代以前ではキャラバンを使った陸路を行く長旅というイメージが強い。しかし、実際には船とキャラバンを組み合わせておこなわれることが少なくなかった。とくに地中海、インド洋方面からメッカの聖域へとむかう巡礼者の場合、それぞれラテン帆の船、ダウ船をつかまえてエジプト、イエメンの港まで行き、それから先をキャラバンで旅していくというやり方をしていた。この方が時間が短くすむため好まれたのである。

『イスラーム巡礼』（坂本勉　岩波新書）

インドから出港する交易船は、たくさんのハッジと、米や香辛料を満載したダウ船で、季節風に乗ってインド洋を西進した。交易とハッジは切っても切れない関係にあった。

考えてみればイスラム教は、商人であったムハンマドが創始した宗教なのであった。コーランの二章「牝牛」には、金の貸し借りについて詳細な記述があって興味深い。

これ、信徒の者、お互い同士、一定の期限つきで貸借関係を結ぶ場合には、それを書面にしておくのだぞ。誰が書式を心得た者に双方の間に入って間違いのないように書いて貰うこと。そのような時、書式の心得ある者はアッラーの御教え通り書くことを決して拒んだりしてはいけない。どうしても書くのじゃ。

（二－二八二）

現代に置きかえるなら「契約書は行政書士に作ってもらいなさい」となるだろうか。

これに続いて、知的障害がある人の場合は後見人を立てることや、立会人をつけることなど、細かな指示が書かれている。ムハンマドらしい配慮とも言えるだろう。

美しいコーラン

エジプトに、こんな話が伝わっているそうだ。

エジプトの神が「文字」を発明した。神はファラオ（王）に自慢した。

「どうだ。私は文字という便利なものを発明した。これでオマエたち人間も、あらゆるものを記録することができるようになる」

するとファラオは答えたそうだ。

「とんでもありません。そんなものを使ったら、人間の記憶力がなくなってしまうではありませんか」

それまで「記録」というものは、すべて「暗記」に頼っていた。だからホメロスの叙事詩のように、古代の記録や伝承といわれるものには、詩の形をとるものが多い。「韻を踏む」ことで、長大な文章を暗誦しやすかったからだといわれる。

イスラムの教典「コーラン」は、アラビア語でないといけないそうだ。神様はアラビア語で教えを伝えたのであるから、イスラム教徒たる者はアラビア語を勉強しなければならない。翻訳したものは、もはやコーランではない。

その主張の根底には、コーランの美しい旋律があるのだと思う。

ライブで聞くコーランは、すばらしいものだ。モスク内部に朗々と響き渡り、荘厳ですらある。人々は毎週金曜日の礼拝でモスクを訪れ、偉大なコーランの響きに酔いしれ、アッ

カイロ観光のハイライト「モハメドアリ・モスク」。外観もさることながら、内観の壮麗さに圧倒される。

ラーとの一体感と、ムスリム同胞との連帯感を新たにするのである。

モスクでの礼拝を呼びかける「アザーン」はコーランの朗唱ではないが、外国人にとってはエキゾチックなものである。

あるとき、これにも優劣があることに気づいた。

大雑把に言うと、イスラム文明の中心に近いエジプトやシリア、トルコなどのアザーンはいい。洗練された美しい旋律が街に共鳴して、ウットリするほどである。これがだんだん遠くなって、パキスタンやインドネシアあたりに行くと、なんというか「絶叫」に近くなるのである。

本場である中東地域に、洗練された「アザーンの美学」のようなものが発達しているとすれば、「辺境」のイスラム諸国では、いまだ素朴とでも言えるだろうか。

アラブ諸国ではコーランの読誦大会というのがあって、上手な人のコーランはCDになって発売されている。機会があったら、ぜひお聞きいただきたい。イスラム教がなぜ、世界宗教にまで発展したのか、その理由の一端がおわかりいただけるのではないかと思う。

「辺境」インドネシア

辺境といえば、インドネシアのようなメッカからもっとも遠いイスラム地域では、モスクがとても簡素である。ジャカルタのモスクはさすがに壮大だが、地方に行くとトタン板を貼り合わせた粗末なモスクが一般的である。逆に言えば、それだけイスラムの教えに忠実である、ということでもあるだろう。

ムハンマドが布教を始めたばかりの頃には、まだモスクというものはなく、四方に縄を張り、そこを礼拝所としたそうである。そういう清貧の精神が、これらの簡素なモスクに受け継がれているような気がするのだ。

この対極にあるのが、壮大華麗なイランのモスクだが、おそらくペルシア人の場合は、そのすばらしい芸術的才能が、イスラムを清貧のままに止めることを許さなかったのではないかと思える。

インドネシアは、イスラムが普及して八百年も経っていない新興国であり、仏文学者の村松剛氏の説に従うのなら、いまだ「宗教的活力」があるとも言えるだろう。

たとえば日本に置き換えると、仏教が伝来して八百年後というのは、十四世紀頃の室町時代に相当し、時宗の一遍上人が日本全国を行脚したり、一休さんが頓智を効かせて、足利将軍をやりこめていた時期なのである。

つまり日本人が、まだまだ熱心に宗教を受け入れていた時代に相当するのであり、インドネシアでは、いまだ宗教が生き生きと社会を潤している段階なのかもしれない。

ラマダン

トルコの諺には「腹が減っている者に近づくな」というのがあるそうだ。

空腹は理性を失わせる。だからラマダンの最中には交通事故が増え、工場では不良品が増加するという。そのため公共機関は、おおむね十時から二時くらいまでの営業時間となる。昼間の空腹の時間は、なるべく働かないようにしているのだ。

実際、私たちもラマダン中に、やけに機嫌の悪いタクシードライバーに当たったことがある。私たちが階段ピラミッドで有名なサッカラ遺跡まで行くよう指示し、運賃を交渉して乗り込むと、ドライバーは道中、途切れることなく不平を並べ立てた。その内容は、もちろんアラビア語なの

ラマダン期間は特に賑わうというカイロのスーク。商店も稼ぎ時だ。

でよくわからなかったが、

「これじゃあ儲けにならねえんだよ」

とか、

「今はラマダンなんだぞ。そんなセコイこと言っていたらアッラーのバチが当たるぞ」

のような苦情を、延々としゃべり続けるのである。そして私たちがムッツリと押し黙っていると、やにわに車を脇に寄せ。

「ここがサッカラだ！ 降りろ！」

と怒鳴った。私たちが降りて地図で調べてみると、そこはサッカラから十数キロも手前の小さな村だった。この男の不機嫌ぶりは、間違いなくラマダンによる空腹が原因であったと思われるが、なんで我々が乗車拒否されないといけないんだろうか。

ラマダンというのは、イスラムで言うと

ころの「断食月」のことであるが、私たちが想像する精神修行のようなものではない。むしろ一種のお祭りに近いものである。

エジプトのカイロでラマダンを迎えたが、街中にハデなノボリが立ち、家族連れが買い物に出かける姿をよく見かけた。辻辻には天幕が張られ、日没になると人びとが集まり、アッラーに祈りを捧げて一斉に食事となる。貧しい人々に食事を分け与える習慣があるのだ。

ある時、レストランに入ったのが、ちょうど日没の頃だった。テレビではウラマー（導師）による説教が延々と続いており、人々は、文字通り固唾をのんで、目の前に並んだご馳走を見下ろしていた。そして日没と同時にアザーンが鳴り始めた瞬間、ものすごい勢いで食べ始めたのである。ラマダン期間中に消費される食糧は、通常よりも増えるといわれるが、なんだかわかるような気がした。

「互助の精神」は世界共通

モロッコの市場で果物を買った。

店のオヤジが釣り銭を用意していると、私の後ろを身なりの貧しい老人が通りかかった。店の

モロッコ、マラケシュのフナ広場のソーセージ屋台。

オヤジは老人に声をかけた。

「ホレ。アッラーのお恵みだ。とっときな」

そう言って、オレンジをひとつ放り投げた。私はオヤジのスマートさに感嘆しながら、イスラムの互助の精神を目の当たりにして感心したのであった。

アメリカでは慈善活動が盛んだそうだ。北欧でも様々な福祉が充実している。日本の国民健康保険とか、国民年金とかいうのも、要するに、そういう相互扶助の精神を法制化したものであるといえよう。

しかしそういう慈善活動は、なにも先進国の専売特許ではない。かつて日本にも「たのもし講」や「結」があったように、法律で決められていなくても、そういう自発的な取り組みはあった。

多くの途上国では、たくさんの子供を育

て、その子供たちが大きくなって両親の暮らしを支えるのが普通である。言ってみれば「子だくさんは年金の代わり」なのである。そして不幸にも両親が亡くなったりした子供たちは、地域のオトナが親代わりに面倒を見ることが、ごく普通に行なわれている。

インドでは、「不可蝕民」といわれる物乞いのカーストが何億人もいるとされるが、逆にいえば、それだけの数の物乞いが生きていけるのは、それだけ喜捨をする人が多いからでもあるだろう。

互助の精神は、世界中で、ほとんど同時発生的に行なわれていると言っていい。それは法律で定められる前から、ごく普通に存在していたものだ。自分以外の人々がシアワセであるからこそ、健全な社会が約束されるのである。まさに「精力善用　自他共栄」である。

ムシムシケラーとインシャラー

中東地域を旅する旅行者の間で、有名なアラビア語がふたつある。

「ムシムシケラー」と「インシャラー」である。

「ムシムシケラー」とは「ノープロブレム」。つまり「問題ない」の意味で、「ムシケラー」になると「問題がある」になる。

「ムシケラーか?」

「いやいや、ムシムシケラーだよ」

というような会話が頻繁にある。「無視、虫けら」で、非常に覚えやすい。

もうひとつの「インシャラー」。こちらは有名だが、原意は「神様が欲し給うならば」の意味である。アラブ人と約束して、相手が「インシャラー」と言う。案の定、時間になっても相手は来ない。翌日、彼を非難すると、

「だからインシャラーって言ったじゃないか」

つまり「すっぽかし」の言い訳として、もっぱら使われるのが、この言葉である……というのも、よく聞く話である。しかしこの解釈は少々悪意が強すぎるようだ。

もともとイスラムの人々の思考の根底には、

「神様の意思を差し置いて、明日のことを確約するのは不遜である」

というのがある。なにが起こるかわからない。急な用事ができるかもしれない。途中で交通事故に遭うかもしれない。恋人に別れ話を切り出されてショックで寝込んでしまうかもしれない。だから確約なんて最初からできない。そもそも運命はアッラーが決めるものであって、人間がどうこうできるものではないのだ。だから「インシャラー」なのである。

決して確信犯の口実のために使用されてきたワケではないのだが、しかしイスラム教徒ではない私たちからすると、かなり都合のよい言葉であることは間違いない。

「インシャラー」は時として、私たちにとっては大いに「ムシケラー」でもあり得るのだ。

怒らない人たち

アラブの人々を見ていて感心するのは、

「彼らは決して他人の失敗を咎めたりしない」

ということだ。

「シーシャ」というのは、アラブの水タバコのことである。エジプト人は特にこれが好きで、カイロの町のあちこちに「シーシャ・カフェ」があり、オジサンたちがチャイを飲みながら盛大な紫煙を噴き上げている。水をくぐらせることで煙が非常にマイルドになり、喉にも優しい。

炭火は頻繁に交換することになるので、炭火交換係の男がいつも歩き回っている。彼は「焙烙」のようなものをぶら下げていて、時々これをブンブン振り回す。すると熾火に空気が当たって火がおこる。日本のようにウチワで扇がなくてもいいという、なかなか便利な器具である。

ある日、彼の焙烙がお客さんの足に当たり、ハデな音がして炭火が飛び散った。彼は一瞬、硬直したが、結局、客に謝ることもなく、飄々と炭火を片付け始めた。

これだけでも驚きだが、しかしもっと私が驚いたのは、炭火をぶつけられた男性が、まるで何事もなかったかのように談笑を続けていることだった。これが日本だったらどうだろう。

「危ないじゃないか！」

の怒鳴り声のひとつもあっておかしくない。給仕の彼も平謝りするだろう。マネージャーが飛んできて一緒に頭を下げるかもしれない。しかしエジプトでは、粗相をした本人も謝らないし、粗相をされた本人も気にしないのである。

おそらく彼らの中では、何事も「神様の思し召すまま」なので、炭火をぶつけたのも、ぶつけられたのも、「神様の思し召しだったのさ」で片付いてしまうのだろう。

そしてもうひとつは、ムスリムは、少なくともタテマエ上は、神の前で

カイロでは、露天のマクハー（喫茶店）でシーシャ（水タバコ）をたしなみながらチャイをすするスタイルが一般的だ。女性の姿も見られた。

は全員が平等ということになっているので、立場が違っても必要以上に媚びたり卑屈になったりする必要がないのかもしれない。

なんと円満な人たちなのだろうかと感心してしまった。

イスラムの中のキリスト教

イスラム諸国には意外とキリスト教徒が多く住んでいる。エジプトやシリアでは人口の一割程度がキリスト教徒と言われる。

「キリスト教コプト派」というのは、イスラムが広がる以前に、すでにカトリック教会から「異端」とされていたエジプトのキリスト教一派である。コプト教会の雰囲気は、イランで見物したアルメニア教会に似て、フレスコ画がおどろおどろしかった。

イスラム教徒から受けた拷問の図が展示されている。あるいは岩を掘削した、狭くて湿度が高く、ムッとする臭いがこもる穴蔵の中に、イコンが飾ってある。すべてが非常に生々しく、一種の不気味さを感じた。

なんでキリスト教徒は、こういう陰鬱な、狭くて薄暗いところが好きなんだろうか。イスラムのモスクのほうが、よっぽど健康的で、明るく開放的である。そこにカラリとした清浄感があるのは、この宗教が概ね、迫害の歴史を持たないことと関係しているに違いない。キリスト教会の不気味な雰囲気は、迫害に対する鬱積した怨念の堆積であるのかもしれない。

グロテスクのインフレ

リスボンの博物館にも、数多くの宗教画が展示してあるが、そのグロテスクさはもう筆舌に尽くしがたいものがある。その中でももっともすごいのが、地下階に安置してあるキリスト像である。身体中に無数の傷を受けたイエスが磔刑に処せられており、その五つの傷口から膿のような血がドロドロと流れ出しているのだ。

薄暗い展示室の片隅に、ほぼ等身大の、そのすさまじいキリスト像が安置されているのを目撃したならば、普通の日本人ならば、悲鳴を上げて逃げ出さないまでも、顔をしかめて二、三歩後じさりするに違いない。

このものすごいものに神仏の念を抱く人々の心の動きが、私には信じられないのである。

なぜこれほどまで壮絶な、失礼ながら見るに堪えないグロテスクなものを公然と作るのかといえば、それには理由がある。

堀田善衛氏によれば、キリスト像というのは「血が流れていなければならない」という。イエスが処刑される直前に受けた拷問の数々と、その苦痛は、人間の罪そのものである。従ってイエスが苦痛を味わえば味わうほど、彼が背負っていく人間の罪は大きくなる。その苦痛が大きければ大きいだけ、贖罪の意義は大きくなるのである。

ということでキリスト像は、グロテスクであればあるだけ価値が出るという、言ってみれば「グロテスクのインフレ」となるわけである。

ちなみに同じく堀田氏によれば、「グロテスク」の語源は「洞窟」（グロッタ）だそうである。

「顔」だらけ

地中海地域のキリスト教会で、もうひとつ興味深いのが、内部に隙間なく描かれた無数の「顔」である。

スペインの「メスキータ」は、もともとキリスト教会だったのをモスクに改修し、レコンキスタ後に再びキリスト教会に戻されたという建物だが、この中心部の聖堂を見上げてみると、無数の天使が描かれていることに気づく。中には身体が省略されて、顔面に羽が生えた奇怪な生物もいる。とにかく「人間の顔」が、まるでなにかに取り憑かれたように描かれているのである。なぜここまで顔面に固執するのだろうか、と考えたときに思い出すのは、イスラムでイコンが禁止されているという事実である。

レコンキスタでようやくイスラム勢力を追い落としたスペインは、このメスキータに、イスラムが禁止する人間の顔面をこれでもかと描きつけた。

それがこの、なんとも不可解な「顔面天使」の由来ではないかと思われる。

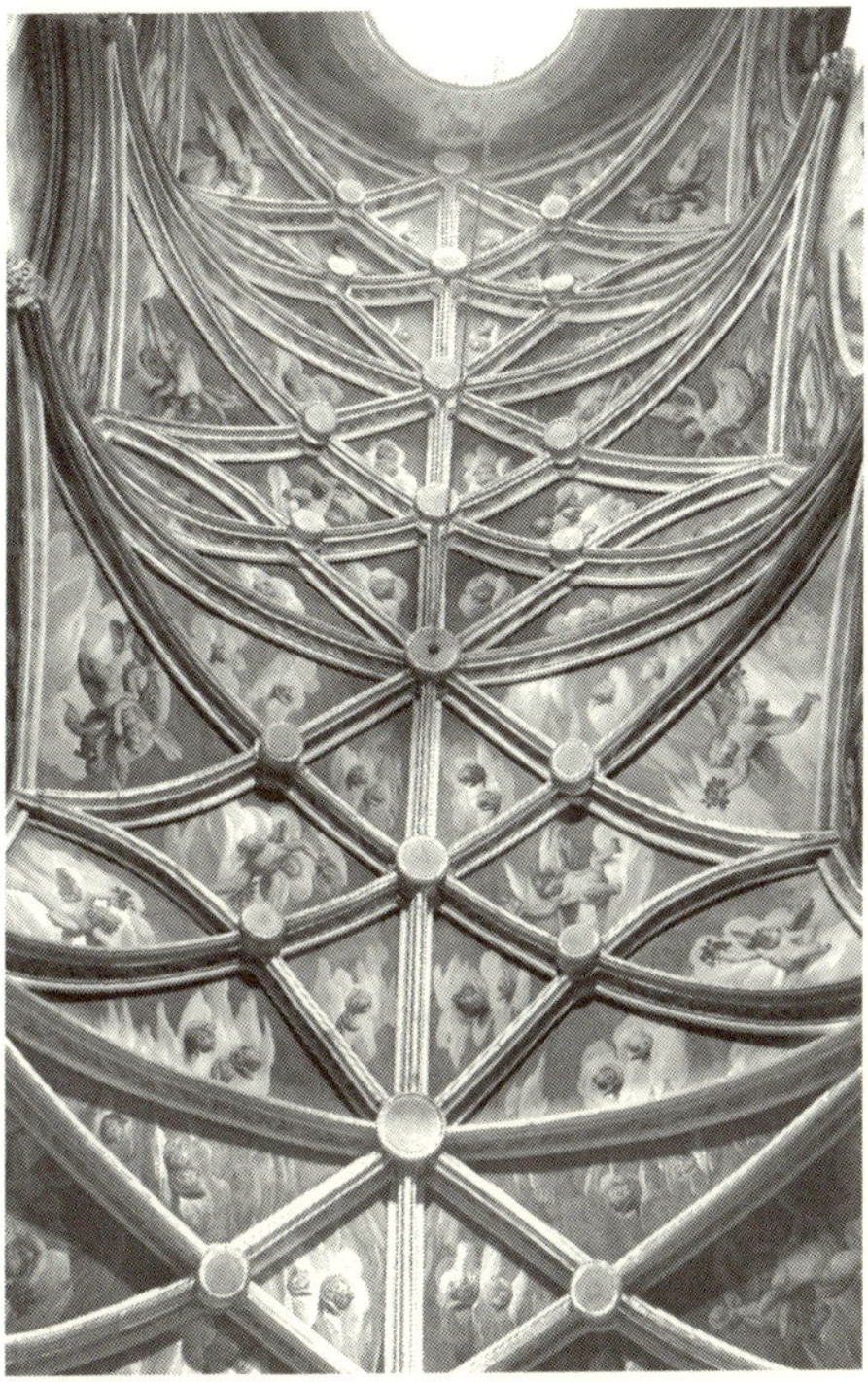
メスキータの天蓋に描かれた無数の「顔天使」。
もはやイスラムに対する当てつけとしか思えない。

イランのアルメニア教会のフレスコ画も、壁一面が人物画だらけであった。「天国と地獄」の図も、メインキャストであるキリストと使徒たち以外に、数多くの群衆、つまり本題とは関係ない「外野」が丹念に描かれる。そこに少数派のキリスト教徒の、多数派のイスラム教徒に対する反発を見るのは、あながち穿ちすぎでもないだろう。

政教分離

スペインやポルトガル、トルコの町を歩いていて驚くのは、壮大華麗な大聖堂やモスク、修道院の数々である。それらのいくつかは世界遺産で、もちろん文化財としての価値は高いわけだが、その一方で、この三国が宗教勢力を排除できなかったことで一致しているのだという点で納得した。

要するに、それら豪壮な教会建築とモスクは、権力者と宗教勢力の癒着によって、国庫が食いつぶされた証拠なのである。歴代のスペイン国王は、カトリック司祭と結託して、豪勢な宮殿と壮麗なカセドラル造りに熱中して、海外植民地が英仏に浸食されていくのを食い止めることができなかった。オスマントルコの歴代スルタンは、宗教的権威も備えていたので、税金を使ってせっせと壮大なモスクを作り続けているうちに、親衛隊「イエニチェリ」が権力を握り、長年にわたって政治的暗闘が続けられた。そしていつの間にか両国は、英仏露などに浸食され、凋落してしまった。これら「没落組」に共通しているのは、「政教」両方の権力者の癒着による、国家予算の濫費だろう。

私はフランスには行ったことがないけれど、この国を訪れて、なぜフランス革命が起こったのかを知ったという人は多いようだ。

パリをひとまわりして、コンコルド広場に立ったとき、私はうなった。なるほど。フランスの人民革命は、起こるのが当然だったろうと。その壮大華麗な宮殿や公邸、庭園、寺院を展望すれば、貧しい市民がその中で行なわれていたであろうぜいたくをいつまでも許してはおくまい。本当にそういう感じのわく、りっぱさである。

『日本人の考えかた―日本の民主主義を吟味する』（鮫島志芽太　弘文堂）

EUに入れないトルコ

トルコという国は、第一次大戦での敗戦に懲り懲りしたように思える。そのために以降は一貫して世俗路線を貫いてきた。カリフ制度を廃止し、アラビア文字をアルファベットに変更し、女性のスカーフ着用を廃止し、政権は概ね、軍主導の世俗路線を維持してきた。

そしてその集大成とも言えるのがEU加盟だろう。

イスタンブールの経団連はEU加盟に熱心で、EUの委員長を呼んで熱心に加盟を働きかけたが、逆にトルコの社会保障その他の不備を厳しく指摘されてしまった。トルコは四十年前に加盟申請して以来、いまだに加盟が認められていないという。のらりくらりと、はぐらかされ続けているのである。

実際、トルコの車のナンバープレートは、EUのものと酷似しているが、それを見たドイツ人は、

「やつらはEUに加盟したくてウズウズしているんだ」

とハナでせせら笑っていた。


EUはポーランドなど東欧諸国のEU加盟はすんなり認めたが、トルコにはさまざまな条件をつけてその加盟にいっこうに前向きにならない。ドイツのベルリンで、トルコのEU加盟が進まない理由について研究者に尋ねたことがある。彼の見解ではトルコはイスラムの国で、ヨーロッパ諸国のようにキリスト教的価値観を共有していないからだという。

『イスラム世界おもしろ見聞録』（宮田律　朝日新聞出版）

歴史上、オスマントルコ帝国は、西洋の脅威であり続けた。コンスタンチノープルを陥落され、破竹のイキオイでウイーンまで包囲されたヨーロッパは、進退窮したあげく、ヤケクソになって、インドを目指した危険な大航海に乗り出した。その結果、瓢箪からコマのように新大陸を「発見」して、インディオや黒人をコキ使って巨万の富を得たことは周知の通りである。

それでも植民地経営を進めるにあたっては、慎重にトルコを避け、抵抗の少ないインドや中国から徐々に浸食していったのは、彼らがいかにオスマン帝国を恐れていたかの証左でもあるだろう。

第二次大戦でも、トルコの離反を怖れたフランスが、住民投票の結果という形ではあるが、自国植民地シリアの一部であるハタイ県をトルコに割譲している。いかに凋落したとはいえ、やはりトルコは油断ならぬ相手なのである。

大航海時代の契機とは？

大航海時代の契機については、以下のような指摘もある。

注目をあびているのはマクニールという学者の疫病説である。ヨーロッパでは人口の三分の一が死亡したといわれる疫病のもたらした影響は大きい。信心浅き者も神に仕える者も無差別に襲った疫病は中世の権威であった宗教に対する懐疑を生み、その原因を求めるなかから近代の科学精神の土台がつくりだされていった。

『文明の海洋史観』（川勝平太　中公叢書）

当然ながら様々な状況が積み重なって大航海時代が出現したのだろうが、その中でも、もっとも重大な契機は、前述したとおりイスラム勢力の進撃ではないだろうか。東ローマ帝国を滅ぼした後のオスマン帝国の侵攻は止まるところを知らない。

一四五三年　コンスタンチノープル陥落。
一四七五年　クリミア半島陥落。
一四八〇年代　バルカン半島陥落。
一五二一年　ベオグラード陥落。
一五二六年　ハンガリー陥落。
　同年　ウイーン包囲。

たった七十年ほどの間で東中欧地域はことごとく敵地に帰してしまったのである。

ヒタヒタと忍び寄るヒゲ面の異教徒の大軍団が、キリスト教徒を震え上がらせたのは想像に難くないだろう。

そしてこれは門外漢の私の偏見かもしれないが、そのような焦りが、一五一七年のルターの宗教改革につながったのではないだろうか。彼の思想、聖書の重視とか、教会制度の簡素化とか、キリスト像を置かないなどという改革は、実はイスラム教の教義と奇妙によく似ているのである。イスラムの脅威に直面した欧州の人々がイスラムの教義を取り入れて脱皮を図ろうとしたのが宗教改革の実態ではないか。

実際、当時のオスマン帝国はプロテスタントに同情的であり、プロテスタント自身も「真正の唯一神論者」と自称していたそうだ。

（オスマン皇帝の）セリム二世は、スペインとその領国ネーデルランドで反乱がおきた時に密使を送って、ルター派による「教皇とその一派」への反抗に支持を与えるほどであった。というのも、教皇と呼ばれる不信仰の輩は、創造主としての唯一神を認めないばかりか、聖性をイエスに帰して偶像を崇拝しているからであった。

『民族と国家』（山内昌之　岩波新書）

「コーランか剣か」？

西洋キリスト教社会から憎まれてきただけに、「西洋のフィルターを通して」日本に輸入されたイスラムの概念は、きわめて歪んでいたといわれる。

たとえば「コーランか剣か」という有名な言葉がある。

「ムスリムになるか、それとも死か」。

そこには「二浪でむかえた大学受験とおろし金の滑り台　滑るとしたらどっち？」といったジョークでは、当然ながら済まされない苛烈さがあるわけだが、そういう冗談はともかく、この言葉は捏造であった。

イスラムの為政者としては、異教徒がイスラムに改宗してもらうと困ったという。なぜなら教科書で習ったところの「人頭税」（ジズヤ）が減るからである。キリスト教徒やユダヤ教徒のような「啓典の民」は「ジンミー」（生命・財産を保障された非ムスリム）とされ、それぞれの信仰を許される代わりに納税の義務を負った。だからイスラム社会には、「ムスリムになりたいのに改宗させてもらえない」人々がたくさんいたのである。

安定した税収を確保するために、歴代イスラム帝国の為政者は、異教徒をムスリムに改宗させないことが重要な政策であった。特に奴隷には、イスラムに改宗する資格を認めなかったという。

エジプトのナイル川中流域、さらに南部に下るに従って、キリスト教徒の集住する地域が増えていく。その一部の地域では、現在でもイスラム教徒との散発的な衝突事件が発生している。イスラム帝国に支配された長い迫害の歴史の中で、コプト派キリスト教徒が徐々に南部に逃れていった歴史があるのだ。

さらに南部、アスワンダム周辺の「ヌビア地方」に辿り着くと、スカーフを巻かないキリスト教徒の女性が、カイロと比べると、はるかに多く目につくようになる。この地域の住民は、かつて奴隷や宦官として働かされた黒人系のヌビア人が多い。

かつてのアフリカからの主要な交易品が「奴隷」であったという事実を考えるのなら、それがつまりは、ムスリムとなることを拒絶されたキリスト教徒の黒人であるということは、十分に考えられるだろう。

とはいっても、彼らの表情には、そのような暗い歴史を想起させるような影は見られない。我々が歩いてみた彼らの部落も、アラブ人の住宅とたいして変わらず、そこにとりたてて貧困さを見いだすこともなかった。

しかし市内地図をよく観察すると、彼らがナイル川の中洲や、繁華街の対岸などの辺鄙な地域に集住していることがわかる。つまり町の一等地はアラブ人が独占し、地元民である彼らが不便な周辺部に追いやられているという事実を発見するのである。

西洋人＝キリスト教徒である理由

イスラム教は異教徒に寛容であったが、一方でキリスト教は非常に排他的であった。社会学者の加藤秀俊氏によると、

キリスト教というのはおそろしく過酷な宗教で、土着の「異教」をつぎからつぎへとせんめつさせてきたのであったが、たとえばハロウインにみられるような、およそキリスト教とはゆかりのない民俗信仰も、かたちをかえながら生き残っているのである。

『アメリカの小さな町から』（朝日選書）

「ハロウイン」は、もともとケルトの原始宗教ドルイドの風習だったそうだ。これがキリスト教に移植された。イエスの誕生日であるところのクリスマスも、もともとは冬至を祝う祭（つまりこの日から日が長くなることを祝う祭）が発祥であるともいわれる。

それはともかく「キリスト教は過酷な宗教である」というのは、ちょっと考えればよくわかる。ヨーロッパの、ほとんどすべての国がキリスト教国で、ほとんどすべての西洋人がキリスト教徒なのは、なぜだろうか。

それはまさしく、土着の宗教を殲滅してきた結果なのである。そしてめぼしい敵がいなくなると、今度は内ゲバを始めて、アリウス派とかネストリウス派とかいう宗派を異端として排撃し始める。それが終わったら今度は「魔女狩り」である。そしてユダヤ教徒が迫害される。いみじくもサルトルが、「もし、ユダヤ教が存在しなければ、反ユダヤ主義者は、ユダヤ人を作り出さずにはおかないだろう」（『ユダヤ人』 安堂信也訳　岩波新書）と言ったように、彼らは自分たちと異なる「異物」を見つけ出しては攻撃した。

このような、キリスト教徒の不寛容性、独善性は、弁護士として南アフリカに赴任したガンジーの告白にも発見できる。

（クェーカー教徒である）コーツ氏は私の説明を認めようとはしなかった。彼は私の宗教に対して、いささかの尊敬も持ち合わせてはいなかったからである。彼はいつも、私を無知の谷底から救おうとしていた。ほかの宗教がなんらかの真理をふくんでいるかどうかに関係なしに、本質的真理を代表するキリスト教精神を受け入れないかぎり、わたしに救いはありえないということ、イエス・キリストのとりなしがなければ、それ以外によっては、わたしから罪は洗い流せないだろうということ、そしてまた、どんなに善行を重ねてもむだであるということを、わたしに納得させようとした。

『ガンジー自伝』（ガンジー　蠟山芳郎訳　中公文庫）

すべてを飲み込むヒンズー教

そんなキリスト教と、まったく対照的なのがヒンズー教である。ヒンズー教は、他宗教を殲滅するのではなく、自分の中に取り込むことで巨大化してきた。

インド南部のマドゥライに「ミーナークシ寺院」というお寺があるが、ガイドブックによると、「ミーナークシ」というのは本来ドラビダ族の女神なんだそうだ。しかし、いつの間にかヒンズーの女神「パールバディ」の化身ということになった。パールバディとは、インドでもっとも人気のある神様「シバ」の奥さんである。

実はミーナークシには「アリャハル」という、土着の神様であるところの夫がいた。つまりこのままでは「重婚」ということになる。そこで旦那のアリャハルは、あわれ「廃嫡」ならぬ「廃夫」させられ、兄貴に「格下げ」させられてしまったのであった。

つまりヒンズー教が新しい宗教、つまり異教の神様と出会うと、

「それはシバ神の化身ってことで」

とか、

「ビシュヌ神の奥さんってことで」

などといって、うまい具合に自分の神様の「親戚」に組み込んでしまうのである。

ヒンズー教には三億三千万の神様がいるそうだが、それはおそらく、このような手続きによって、土着の神様がヒンズーの新しい神様に加えられていった結果なのだろう。

ヒンズー教はこうして、インド各地の土着宗教と融合して巨大化していった。

それは前出のガンジーの「非暴力・不服従」とも、どことなく通底する、非常に平和的なやり方であり、そこに砂漠の宗教であるイスラムやキリスト教ような一神教の苛烈さとは一線を画した、アジア的な寛容さを見る気がするのである。

　ヒンドゥー教の場合には、教義の面でも、現実の場における集団関係においても、他の宗教にしばしば見られたような〈正統と異端〉をめぐる激しい対立・抗争の関係はほとんど認められない。この点は、ヒンドゥー教の宗派活動について指摘し得る大きな特徴の一つといえよう。

　『ヒンドゥー教とイスラム教——南アジア史における宗教と社会——』（荒松雄　岩波新書）

そのような他宗教の取り込みは、キリスト教にたいしても例外ではないようだ。インド南部の町を散歩していると、道端に大きな祠がドデンとあった。当然ヒンズーのものだと思っていたら、よく見るとてっぺんに十字架が据え付けられている。なんと、それはキリスト教のお堂であった。

しかし祠の内部は、ロウソクで煤けたようになっていて、まるでヒンズーの祠である。そしてこれを見ると、まるでキリストがヒンズーの神様のひとつのような印象を受けてしまうのだ。「土着宗教と融合する」というのは、まさにこんな風なものなんだろうと思った。

第3章

イスラム圏をめぐる国際関係

ベツレヘムの壁

ベツレヘムは「キリスト聖誕の地」として知られる。町の丘の上には「聖誕教会」があり、キリストが生まれたと伝えられる厩が祀ってある。しかし不信心な私たちは、そんなことよりも、イスラエルが築いた、かの悪名高き「隔離の壁」を見物するのが目的で出かけた。ベツレヘムはパレスチナ自治政府の管轄なのだ。

エルサレムから三十分ほどバスに揺られると突然、道路が遮断された。その先には、高さ七、八メートルもあるコンクリートの壁が唐突に出現し、その先、何キロにもわたって延々と続いている。そしてその無愛想な壁には、ペンキで、ありとあらゆる落書きが書かれていた。たとえばこんな具合である。

「THE WALL CANNOT HIDE THE TRUTH」（壁は真実を隠せない）

壁伝いに歩いていくと、住宅地を、いきなり壁が分断するところもあった。「こっち側はユダ

ベツレヘムの壁には無数の落書きが。それは概ね、イスラエルの強硬姿勢に批判的なものであった。

ヤ人の家、あっち側はパレスチナ人の家」なんだろう。

イスラエルは、この無骨な壁に守られて、繁栄を謳歌している。エルサレムの新市街は、まるでパリかローマのように瀟洒な街並みで、高級ブランド店が軒を並べ、西洋人と変わらない人々が歩いている。しかしその平和を維持しているのは、これらの無骨な壁と「世界一キビシイ」といわれるセキュリティチェックなのだ。

ベツレヘムに行くのには、巨大な検問所を通過しなければならない。IDカードをチェックされ、手荷物検査を受けて、ようやく通過することが許される。検問所にはパレスチナ人の長蛇の列ができていた。商売上、頻繁に行き来する人も多いようで、私たちの前に並んでいた作業服の男は、イスラエル側で自炊でもしたのか、炊けた飯がビッシリこびりついた鍋をぶら下げていた。普段着の子供や女たちも多い。その中に、何度通過しても金属探知機のブザーが鳴る子供がいた。二回目も鳴り、三回目も鳴り、四回目になると、親たちが苦笑しはじめた。そして五回目には、まわりのオトナたちも苦笑して、そのうち物々しいフンイキに緊張していた子供自身も笑いはじめる。なんとなく和やかな雰囲気になり、仏頂面だった係官の女性兵士も、最後には苦笑して、子供が通過するのを認めるのだった。

人々の暮らしを分断する、いかめしい検問所も、次第に日常生活の中に溶け込んでいく。そしてそこでは、普段と変わらない笑いが起こる。

人々の逞しさを見た気がした。

イスラエルの兵士

私たちが泊まった「パームホステル」という安宿は、エルサレムを訪れる貧乏旅行者の巣窟として有名なのだが、その中にはフリージャーナリストといわれる人たちも数多く含まれている。イスラエル当局も、そういう実態をよく把握しているらしい。一度、警察の「手入れ」があった。兵士は二人で、いずれも小銃を肩に担いでいた。

ゆっくりとした足取りでホテルに踏み込んできた彼らは、あぜんとした表情で見上げる私たち旅行者を尻目に、オーナーのおっさんに営業許可証の提示を求め、相変わらずゆっくりとした足取りで、ひとつひとつの部屋を覗き、ひとつひとつのベッドをチェックして歩いた。あえて「ゆっくりと歩く」のは、威圧効果もあるのだろうが、無用な騒ぎを避けるためだろう。

彼らの胸には手りゅう弾がぶら下がっていた。手りゅう弾の爆風は二五メートルにも達するという。ここであのピンを抜いたなら、ここにいる全員が爆死することになる。

キッチンからトイレまで、ありとあらゆる場所を見回って、最後までゆっくりと歩きながら、彼らは去っていった。

こういった「抜き打ちチェック」はよくあるようで、スタッフのパレスチナ人は緊張もしていなかった。しかしここで突然、逃げ出そうとする男がいたりしたら、おそらく彼らは容赦なく発砲するんだろう。

そこで私は友人の冒険旅行家でカメラマンの大舘洋志君の話を思い出した。

ヨーロッパからアフリカに向けて自転車で縦断途中だった大舘君は、スペインの、とある観光地で、リュックサックをチェーンロックで鉄柵につないで観光に出かけた。しばらくして戻ってみると、彼のリュックサックがあった周辺は大変な人だかりである。

「どうしたんだ。何かあったのか。それよりもオレの荷物は大丈夫なのか?」

彼は心配になって、遠巻きにのぞいてみた。そして群衆の中心に彼が発見したのは、自分のリュックサックを金属探知機で入念にチェックしている特殊部隊（たぶん爆発物処理班）の姿だった。

彼はそのまま、静かに立ち去ったという。

現代とは「シャレ」の通用しない時代なのである。

死海

死海は意外にも観光地で、一年中、海水浴客で賑わっている。世界でもっとも低い土地だけに一年中気温が高いのだ。ヨルダン側では、パレスチナの若者たちが、はしゃぎ回って遊んでいた。私は十数年前に、この地を訪ねたときのことを思い出した。

死海は塩分濃度が高いため、水中での「浮遊体験」ができるが、擦り傷があると大変だ。

当時のヨルダンは社会主義による電力不足と物資不足のせいか、今よりもずっと暗い印象だった。私はパレスチナ人の学生たちと知り合い、彼らの下宿に遊びに行った。家財道具もほとんどなく、底冷えのする薄暗い部屋で、彼らは自分たちの窮状とイスラエルの非道を、暗い顔をいっそう曇らせて、切々と私に訴えた。

彼らの思いつめたような表情を、私は忘れることができない。

いま目の前ではしゃいでいるパレスチナの若者たちには、当時の暗さは微塵もない。日本も含めた世界中の平和な国の若者とまったく同じ、闊達で明るい表情をしている。

現在、ヨルダンにおける人口の七割をパレスチナ人が占めているといわれる。アンマンなどの都市に住むのは、ほとんどがパレスチナ人だともいわれる。難民となった彼らは、すでに二世三世の時代である。彼らにとっての祖国は、もはやパレスチナには、ないのかもしれない。

東洋と西洋の境目

西洋文明と東洋文明の境界は、パキスタンとイランだと言われる。

私たちはパキスタンからイランへバスで抜けたんだが、その理由が実によくわかった。中間には広大なルート砂漠が広がっていて、行けども行けども砂塵である。夜通し走って、翌早朝に、ようやくイラン国境にたどり着いた。砂漠の中に突如として検問所が出現し、警備している兵隊が今までのインド系の浅黒い男達から、金髪碧眼も混じる白人の顔に変わった。東洋から西洋に一変した瞬間であった。

イランでは石油の恩恵を受けた豪華な舗装道路と近代的なバスターミナルが出現した。それまでの「よくぞ現役で働いているものだ」と感心するほどのポンコツバスが、エアコン完備の最新バスになった。車中で流れる映画もぜんぜん違った。歌と踊りを織り交ぜた派手な作りのインド映画とはまったく違う、イタリアかフランス映画のような、陰影の濃い雰囲気のある作品で、登場する女優さんもソフィア・ローレンのようなこってりした顔立ちである。

そしてたどり着いたテヘランの街並みには、どことなくヨーロッパのフンイキが漂っていた。アジア的な扁平な街の広がりから、ヨーロッパのように背の高い建築が狭い地域に密集する街並みに変わった。

もうひとつの東西の大きな違いは、人々の表情のように思われる。

インドの人々は概して表情に乏しく、思索的で、笑うことが少ない。笑顔は、親愛の情を示すときにのみ使用するものであるかのような印象さえ受ける。

一方のイランの人々はよく笑う。冗談を言ったり、ふざけあっている男たちの姿を、町中でよく見かける。喜怒哀楽の豊かな表情は極めて西洋的である。

明るいと言えば、イランの町は非常に明るい。電力が安定的に供給されているせいであるが、これは街の印象を決定的に変えるものである。

パキスタンやインドは、電力不足で薄暗い町が多かった。まさに「アジア的停滞」とでも言うべき陰鬱な風景が、イランではガラリと切り替わるのである。

涼しげな風が吹く夕暮れ時になると、町は途端に活気づいてきて、様々な色のネオンが瞬き、ショウウインドウのガラスケースがふんだんな光りで満たされていく。商品は十分な照明によって輝くばかりの色彩を放ち、道行く人々の購買意欲をそそらずにはおかない。豊富な電気の供給が、消費活動を少なからず刺激することを私は改めて知ったのであった。

そういえば、とある地質学者の知人から聞いた謎のような話がある。技術が進歩した現在では、アメリカのシェールガスのように、今まで石油が採れないと言われていた地域で次々に石油が発見されているが、実はパキスタン沿岸にも巨大な海底油田が発見されたという。それと関連があるかどうかわからないが、パキスタン人の地質学者が相次いで失踪する事件が起こっているというのだ。

近い将来、パキスタンも産油国に名を連ねるときが来るのかもしれない。

トルコとイラン

トルコとイランというのは、いろんな意味で面白い共通点と対照点がある。

いずれも非アラブのイスラム国家であるにもかかわらず、イスラム社会に与えた影響は多大なのだが、一方で現代史における発展過程は対照的である。

トルコは一九二三年の建国と民主化以降、一貫して西側&資本主義路線である。

一方のイランは、パーレビ国王の資本主義路線が破綻して一九七九年にホメイニ革命が起こる。

それ以降は一貫した反米&政教一致政策である。

まとめると以下のようになる。

	トルコ	イラン
言語	トルコ語	ペルシア語
言語表記	アルファベット	アラビア語

宗派	スンニ派	シーア派
イスラム社会への影響	政治的	文化的
政治体制	政教分離	政教一致
政治政策	資本主義親米	社会主義反米
気質	武人的	文人的
主な産業	農業	石油産業
民族	非アラブ	非アラブ
人口	7000万人	7000万人

この両国は歴史上も一種のライバル関係であった。オスマントルコ帝国とイランのサファビー朝は長年の抗争相手で、トルコがフランスと同盟すれば、イランはトルコの宿敵であるところのハプスブルグ家オーストリアと同盟した。

イスラム社会に与えた影響は、トルコ民族が軍事的、政治的なものであるのに対して、イランが与えたものは洗練されたペルシア文化であった。

トルコが無骨で武断的、軍人的な気質が濃いのに対して、イランは文治的、芸術的であるとも言える。実際にオスマン帝国の宮廷言葉はペルシア語とアラビア語であったという。

これはイギリスとフランスの関係にも似ているかもしれない。

かつてイギリス人はドイツ語を話していた。一方、イギリス宮廷では十一世紀にフランスから王位に就いたノルマンディー公ウィリアムのせいでフランス語が話されるようになった。これが一般に広まり、独語と仏語が混じる形で現在の英語ができあがったとされる（『アングロサクソンと日本人』渡部昇一　新潮選書）。

質実剛健なイギリスと文化の香りがするフランスの対比は、そのままトルコとイランの関係に極めて近似していると言えるだろう。

他にも探せば、もっと多くの共通点、対照点があるに違いない。非常に興味深いトルコとイランの関係なのである。

最後に決定的に両国の評価が異なること。それは、トルコは比較的平和な国で、イランは危険なテロ国家であるという世界中の人々の認識である。これは紛れもなく西洋諸国の偏重報道によるものである。

イランが誇る世界に冠たる歴史的遺跡といえば、トルコに勝るとも劣らないし、現地の人々の旅人に親切なことも、トルコに勝るとも劣らないのである。

イランはいい国だ

残念ながら、イランというと核開発疑惑でアメリカに経済制裁される「悪の枢軸」というイメージがある。ホメイニの肖像を抱えたヒゲ面の男どもが反米デモを繰り返す映像は繰り返し報道されている通りである。

しかし実際のイランはとても治安がよく、人々は親切で人なつこく、非常に親日的である。テヘランは垢抜けた大都会で、女の子はカワイイ。かの「傾国の美女」楊貴妃もペルシャ人だったといわれる。ムガール帝国の王様にタージマハルを建てさせた王妃ムズタークもペルシャ人だった。アレキサンダーが妻にしたのもペルシャ人だったそうである。イランは美人の国なのである。

私の印象では、イラン人は、ものすごくプライドが高い。彼らには、かつて二千年以上前に世界を席巻したペルシャ帝国を建国したという矜持が非常に強い。彼らにとって、ここ三百年くらいの歴史しかないアメリカなんぞ屁みたいなものである。また欧米も、同じ印欧語族でもある偉大なペルシャ民族に配慮してか、表立っては非難するけれども、隣国イラクのように軍隊を派遣して蹂躙するようなことはしないのである。

この国にはオンボロ車しか走っていない。経済制裁のせいかもしれないが、ベンツやBMWなどの高級外国車は、ほとんど見かけない。その代わり公共バスは最新式のピカピカで、道路も素晴らしく舗装されている。

そしてこの国では、隅々に都市ガスが普及しているのである。北部の保養地モスレーで泊まった民家には、日本のそれとまったく同じガス瞬間湯沸かし器がついていて、のけぞるほど驚いたことがある。しかもその種火は、我々が滞在した数日間、一度も消されることがなかった。産油国の恩恵が、一般の人々に広く行き渡っていることに、我々は感じ入ったものであった。

イランのパンは非常に美味しい。特に焼きたては格別だ。

そしてこの国が大変な親日国であることは、多くの旅行者が口にすることである。たとえばテヘランで乗ったタクシーの、四十代とおぼしき運転手は、私の顔を見て、直ちにこう口走ったのである。

「アンタ日本人？　小錦シンダ？」

彼はかつての「出稼ぎイラン人」だったそうで、長らく日本に滞在したという。仕事内容を尋ねると、

「サイタマ、ドカタ、ゲンバ」

なるほどと私たちは頷いた。彼らは八〇年代終わり頃に、一時的に査証免除になったとき、大挙して来日した。今でも自由な日本で過ごした青春時代を懐かしむ人が多いそうである。そして日本で築いた財産を元手に、左団扇の優雅な暮らしをしているのだろうと思ったら、大間違いであった。

イランに長らく滞在した大村一朗氏によれば、大金を稼いで帰国した人達は、たいがい親戚や友人にたかられたり、店を始めて経営に失敗したり、いかがわしい投資話に注ぎ込んで財産を失ったりした人が多いという。日本で遊びほうけて、たいして資産も築かずに帰国した人達のほうが、結果的に愉快な思い出を作れて幸せであった……という笑い話にもならない話が多いのだそうだ。

中東情勢のカギを握るイラン

実はこのイランを中心に整理すると、中東関係が非常にわかりやすいのである。たとえば湾岸産油諸国。これらの国は王制国家で、しかも国内に多数のシーア派住民、つまりイランシンパを抱えている。従って彼ら王族がもっとも恐れるのは、ホメイニ革命が飛び火して、王室が転覆することである。サウジに米軍が駐屯しているのはイランに対抗するためであると言っていいだろう。

二〇一一年の、いわゆる「アラブの春」では、実は湾岸産油国のひとつバーレーンで大規模なデモが発生した。直ちにサウジ軍を主体にした鎮圧部隊が派遣され、三十人が死亡するという事件が起きている。バーレーンでは国民の七割以上がイスラム教シーア派である。この事件については、ほとんど報道されることがなく、欧米も黙認していた。

もうひとつの隣国イラクも、国民の三分の二がシーア派である。しかも南部にシーア派最大の聖地カルバラを抱えている。かつてここでムハンマドの孫にあたるフセインが、後にスンニ派とされるウマイヤ朝の軍勢に殺された。歴史にいう「カルバラの悲劇」で、言ってみればシーア派とスンニ派の因縁の土地である。イラクは概ね、南東部がシーア派、北西部がスンニ派といった具合に住み分けている。

スンニ派のサダムが独裁者だった一九九〇年に、実はイラクを訪ねたことがある。産油国にもかかわらず、人々の装束や街並みが、ずいぶん貧しいことが印象的だった。バグダッドの町には、巨大なモニュメントがいくつも建っていた。そして官庁やホテルやレストランには例外なくサダムの肖像写真が飾ってあった。典型的な独裁国家の風景である。そして人々は私をつかまえて肖像画を指さし、血走った目でこう言うのである。

「He is a very good man!」

彼らのそのような主張は、当然ながら私に対して行なわれたものではない。むしろその群衆の中に潜んでいるであろう秘密警察に対するデモンストレーションなのであった。独裁国家というのは、具体的にはこのような言論統制、思想統制という形をとって現れるものなのだと、その時初めて知った。

サダム亡き今、長らく虐げられてきたシーア派が政権を握り、今度はスンニ派への弾圧を始めていると言われる。そしてその虐待から逃れるために、多くの人々がシリア、そしてIS（イスラミック・ステート）に逃げ込んでいるとされる。イラクのシーア派政権を支援しているのがイランである。

そのシリアであるが、この国は大統領を始めたとした政府要人は、シーア派の、さらに神秘主義的な「アラウィー派」で占められているといわれる。どれだけ神秘主義的かというと、こんな感じである。

人間は最初光明世界の星であったが、神への不服従によって地上に堕ち、肉体に閉じこめられた。しかし、光明が、肉体の牢獄に閉じこめられている霊魂を救うために下ってくる。こうして七つの地獄と七つの天国を輪廻したあと、信仰深い者は光明世界に戻っていく。

『イスラム教入門』（中村廣治郎　岩波新書）

我々の理解の範疇を超える教義であるが、この思想がイスラム教の教義に照らしても異端であることは理解できよう。

「新イスラム事典」によれば、アラウィー派は、シリア、トルコ、レバノンの一部に居住し、シリアでは地中海沿岸の都市ラタキアに多いという。そういえばアサド大統領もラタキア出身である。アラウィー派はフランスの分割統治政策により優遇され、軍の中枢に多くの支持者を持った結果、現在のいびつな政治状況が出現した。

シリアには比較的シーア派が多いが、彼らは、かつてバグダッドのアッバース朝がダマスカスのウマイヤ朝を滅ぼしたときに遠征してきたペルシャ人の子孫といわれている。

アラウィー派については、実は十字軍でやって来た西洋人の末裔であるという興味深い指摘もある。

シリアのアラウィ派の人たちも十字軍の子孫という説が有力である。アラウィ派はヌサイル派とも呼ばれるが、ヌサイルとはアラビア語の発音でナザレを意味している。ナザレはいうまでもなくイエスの生まれ故郷でキリスト教に縁が深い地名である。

『中東情勢を見る眼』（瀬木耿太郎　岩波新書）

現在のアサド大統領は非常な長身で碧眼であり、見た目は西洋人と変わらない。この人の容貌を見ていると、前記の説にも頷けるものがある。

空軍パイロットだったオヤジさんのハーフィズ氏がクーデターを起こして政権に就き、息子のバッシャール氏が継いだが、大統領で世襲が行なわれるというだけで、この国の腐敗ぶりがよくわかるというものだ（二〇一四年六月に行なわれた大統領選挙では、八八・七％という、異常に高い得票率で再選されている）。実際、この国もイラクと同様に、秘密警察がウジャウジャいるといわれる。

現地で世話になった日本人によれば、知人のシリア人がこっそりと現政権の批判を口にするのを聞いたことがあるという。しかしそれは相当に親しい「ハビビ」な間柄でないとなされない会話であるという。

このような独裁政治はアラブのあらゆる地域で普遍的なもののようだ。

たとえば「アラブの春」の契機となったチュニジアでは、ブルギバという人物が三十年間も大統領を勤めた。このブルギバ氏について面白い記述がある。

ブルギバ！

しかし現在では、モナスティールの町は、こうした歴史によってよりは、ブルギバ大統領生誕の地として知られている。チュニジア全国の主要な町につくられた、あるいはつくられつつある、大統領のための宏壮な邸宅の中でも、この生誕の地の邸は、ひときわ豪勢にみえる。一九六三年には、高さ四〇メートルあまりの塔のあるブルギバの名を冠したモスクも建てられたし、大統領自ら選んだという土地に、贅をこらしたブルギバ家の祖先の廟も築かれた。(中略)チュニジアでは、官庁、商店、食堂などいたるところに、ブルギバ大統領の、あるいは大統領夫妻の、たいていはカラーの肖像写真が飾ってあるので、この国に来て以来、ブルギバ氏の白い歯を見せた笑顔は、否応なしに私の網膜に焼きつけられていた。

『マグレブ紀行』（川田順造　中公新書）

ブルギバ大統領はチュニジア独立の英雄であるという。カイラワンという町に同大統領がやって来るというので、数日前から一日中ブルギバ氏を讃える歌が町中で流され、著者はこの歌に「ブルギバ音頭」と名付けた。宿のオヤジは、

「これでカイラワンにもブルギバ様のお邸ができました。アンタはいいときに来なすった」

まさに私がイラクで経験したのと同じなのである。

不安定化する中近東

もうひとつのアラブの大国エジプトはどうだろうか。

観光立国であるこの国で一番困るのは、テロが起きて欧米旅行者の客足が途絶えることである。だから彼らは、うわべではガザのハマスを非難しながらも、地下でイランの武器が密輸されるのを黙認するというような珍妙なことをするのである。

「アラブの春」でムバラク独裁政権が倒れ、ようやく民選されたモルシ政権ができたと思ったら、

再びシーシのクーデターで独裁政権に戻ってしまった。

この政変がどこまで「出来レース」であったかはわからないが、少なくともアメリカとイスラエルに都合の悪いイスラム保守派の政権が転覆したことは事実である。

この国はイスラエルとの関係が死活的に重要である。シナイ半島はエジプトに返還されたが、現実的にはイスラエルの治外法権のようなもので、当地が抱えるリゾート地にはイスラエル人を含めた欧米人観光客が大挙して訪れている。従って今更、反イスラエル的な政権が出現することは、おそらく許されないのである。

そのイスラエルにとって、アラブ諸国は言うまでもなく天敵である。ただし他のアラブ諸国とは比較にならない大国イランは、できれば刺激したくない。そこで欧米諸国を通して経済制裁をするに止めている。ただし核兵器を持たれると非常に困るので、その点で譲歩の余地はない。イランもその辺はわかっているので、最近になって核開発放棄の方向に傾いてきた。その背景にはシェール革命による原油安が、今後も続くであろうことが関係しているに違いない。

現在、実に三十数年ぶりにイランとアメリカの関係が改善しつつあるわけだが、それはそのまま中東情勢の激変を意味するだろう。

アメリカとイランが仲直りすると最も困るのは、湾岸産油国である。彼らがイランに一致して対抗するという意味で、アメリカにとって協調する余地があったわけだが、それがなくなるとどうなるだろうか。前述のバーレーンのように王族の正統性が問われるデモが起きたとき、その強圧的な鎮圧に対して、アメリカが黙認するかどうかである。

アメリカのダブルスタンダードによって立場を維持してきたサウジなどの産油王国は、今後イランとの関係においても相対的にプレゼンスを低下させるだろう。

中近東は、これから一気に不安定な時代に向かうと見てよいのではないだろうか。

謎の国レバノン

最後にシリアの隣国レバノンである。

この国で興味深い事実は、一九三二年以来、国勢調査が行なわれたことがないということである。なぜならこの国では、当時の人口比率に従って、「大統領はキリスト教マロン派、首相はイスラム教スンニ派、国会議長はイスラム教シーア派」から、それぞれ選出されるのが慣例となってきたのである。

しかし現在では、もっとも貧しいシーア派住民が人口の過半数を占めている。だから今、国勢調査を行なえば、長年続けられてきた不正が明らかになるので、あえて実施しないというわけである。

左からアフマディネジャド前イラン大統領、アサド現シリア大統領、ヒズボラの指導者ナスララ師。

もともとレバノンは「レバント地方」あるいは「大シリア」と呼ばれたシリアの一部であった。現在でもシリアはレバノンを自国の一部だと考え、大使館を置いていないという。レバノンが現在の形で独立したのには、当時のフランスの意向が深く関係している。

ルイ一四世の時代以来、中東のキリスト教徒たちの保護者をもって任じてきたフランス政府は、レバノンのキリスト教徒たちを支持し、今日のレバノンの領土を定めたのである。その領土は、キリスト教徒の人口上の優位性が維持できるぎりぎりのところで決められた。

前掲書『中東情勢を見る眼』

当時のレバノンにおけるキリスト教マロン派は、人口比率で三〇％を占め、もっとも多数派であった。そこで前述のような特権的な優遇がなされてきたのであった。

これに対して異を唱え、シーア派住民の権利を主張して立ち上がったのがヒズボラであった。かつてシリアのダマスカスを歩いていて、イランのアフマディネジャド前大統領とシリアのアサド大統領と、そしてヒズボラのナスララ師が並び、なぜかその周囲に薔薇の花が散りばめられたポスターを、あちこちで見かけた。要するに、この三者はシーア派連合として結束していることをアピールしているのである。

なぜか発展するレバノン

私たちのレバノンのイメージというと、内戦で廃墟になった市街地と、パレスチナ難民くらいだろう。しかし実際に行ってみると、建設ラッシュが続く瀟洒な街並みに驚嘆すること間違いなしである。実はレバノンは中東屈指のリゾート地であり、首都ベイルート郊外にはスキー場まであるのだ。

なぜここまで発展したのか。

それを考えるには「レバノン杉」から説き明かすべきだろう。

世界遺産にも指定されている「レバノン杉」は、現在ではレバノン山脈のはげ山の一部に取り残された小さな小さな森である。しかし歴史を振り返ると、かつてこの貧相な杉林が広大な材木の産出地であり、名だたる大王たちの垂涎の的であったことがわかる。

エジプトのファラオは、この土地のほど近くまで親征したことがある。大神殿に必要な大木を、レバノンから取り寄せていたからだ。古代ペルシャ帝国の大王も、レバノン杉を切り出して、王都ペルセポリスの大神殿を築造したそうだ。レバノン杉は、時の権力者だけが切り出すことが許された、たいへんな贅沢品だったわけだ。

そもそも砂漠が広がる中近東では、材木は貴重なものであった。材木がない土地で屋根をつくるには、レンガをアーチ状に積むしかない。彼の地でドーム型の屋根建築が発達したのは、そういう理由によるのである。

> 木のないエジプトは、常に王領にしていたレバノンの杉やバシャンのカシを頼りにした。シリアとレバノンの森を伐採することは、ペルシア人、アッシリア人、フェニキア人の時代と同じように、セレウコス朝の下においても君主の特権であった。
>
> 『シリア　東西文明の十字路』（P・K・ヒッティ　小玉新次郎訳　中公文庫）

ローマと地中海の制海権を争ったフェニキア人は、レバノン人の祖先である。地中海交易で活躍し、西アフリカまで到達したといわれるのも、レバノン杉で大船団を建造することができたからだろう。

そしてその進取の気性は現在にも受け継がれている。レバノン人移民は宗主国フランスを始め、アメリカやカナダ、ブラジルなどにも多いといわれる。日産自動車のカルロス・ゴーン社長はレバノン系ブラジル人である。

そういえばレバノンで「マテ」セットをよく見かけた。「マテ」とはアルゼンチンで日常的に飲まれているお茶である。木製の無骨な容器に「マテ」を入れて砂糖とお湯を注ぎ、金属製のストローで飲む。ガウチョ（牧童）たちが羊を追いながら、草原でたき火を起こし、湯を沸かして飲むのである。レバノンでこの「マテ」セットを見かけたのは意外であった。店主に尋ねてみると、旦那はブラジル人で奥さんはコロンビア人であった。宿の女将に確かめると、

「そうですよ。この町はブラジルとオーストラリアへ行った移民が多いんです」

女将の話では、三百万人ものレバノン人がブラジルに移民しているという。そのような話題を英語で訥々と話す女将はベルギー出身であり、その上品な老母は、私たちを見かけるたびに流暢な仏語で、

「ボンジュール、サバー？」

と、優雅に微笑むのであった。

一八六〇年にフランスの後押しで自治領になって以来、レバノンの人口は増加し続け、その内

圧によって大量の移民が発生したと説明される。彼らが送金する莫大な金が、レバノン経済を支える大きな収入の柱のひとつと言われるが、一方で、こんな指摘もある。

ハシシと並ぶ、いやそれ以上の外貨収入源は、移民からの送金と、アラブ各国がレバノン国内支援組織やお抱えの新聞、雑誌に送る軍資金、宣伝費だ。

『レバノン　危機のモザイク国家』（荒田茂夫　朝日新聞社）

この本によれば、レバノンでは大麻の栽培がかなり大々的に行なわれているらしいのだが、それはともかく、興味深いのは「アラブ各国が送る宣伝費」という指摘だ。確かに中東各地で目にするテレビ番組はレバノンで制作されたものだと聞いたことがある。きわどいコスチュームで踊りを披露する妖艶な女性タレントは、たいがいレバノン人のキリスト教徒であるという。アラブ諸国はそれぞれレバノンのメディアに金を出して自己宣伝に努めている。それがレバノン経済を潤しているひとつの柱になっているらしい。

宗教の博物館

レバノンは、歴史学者トインビーが「宗教の博物館」と呼んだほど、宗派が乱立している。以下に列挙していくと、

・イスラム教スンニ派
・イスラム教シーア派
・イスラム教ドルーズ派
・キリスト教カトリック
・キリスト教マロン派
・キリスト教ギリシア正教
・キリスト教アルメニア正教

これらの宗派は互いに対立し、さらに近隣国のイスラエルとシリア、欧米などを巻き込んで、

離合集散を繰り返すわけである。

なぜ、これほどまでに入り組んだ宗派が集住しているのか。その理由はレバノンの地政学的な位置にありそうだ。

世界地図を広げてみると、アラビア半島からヨルダン、イラク、シリアに至るまで広大な砂漠であることがわかる。その砂の海の中にレバノンだけが、まるで孤島のように三〇〇〇メートルの山脈を形成している。そこは地の果てまで見通しの効く砂漠の中で、唯一の隠れ場所を提供してくれる。つまりレバノンは、異端者が逃げ込む「駆け込み寺」のような役割を担ってきたわけだ。地政学的に非常に特異な場所であったことが、そのままこの国の不安定要素となっていると言っていいだろう。

レバノンにキリスト教徒が多いのは、もともとこの地に興ったキリスト教マロン派が集住していたことに加え、イスラム帝国の中で迫害されたキリスト教徒たちが逃げ込んだ結果であろう。レバノン山脈とアンチレバノン山脈との間に広がるベカー高原には、レバノンワインの有名銘柄である「クサラワイン」のワイナリーがあり、キリスト教徒が多数住んでいる。周辺は極めて豊かで、我々が見かけたジャガイモは、誇張なしにフットボール並みの大きさであった。南部の町ザハレは、アラブの王族が、お忍びで飲酒と避暑にやってくる高名な避暑地であり、高級ホテルが林立していた。ベカー高原という土地が、いかに豊かであるかを実感したのであった。

このような宗派対立は、単純にイスラム教徒とキリスト教とが対立しているわけではない。たとえばスンニ派とシーア派が対立している。マロン派とギリシア正教も仲が悪い。意外なことにイスラム教ドルーズ派とイスラエルは友好的である。

アルメニア正教派は、トルコでの虐殺以降、逃げてきた人々なので利害関係はなく、中立であるという。

レバノンでもっとも所得が高いのはマロン派キリスト教徒で、もっとも低いのがシーア派イスラム教徒である。識字率も圧倒的にシーア派が低い。多数派であるスンニ派から迫害されてきた彼らは教育レベルも低く、貧困層が多いのである。

このような対立は、権力が固定するに従って格差となって現れてくる。ちょっと古い引用ではあるが、こんな記述がある。

一九六二年に実施された調査によると、キリスト教徒の文盲率は男二三％、女四五％なのに対して、イスラム教徒は男三九％、女六九％、キリスト教徒でもっとも教育水準の高いマロン派と、イスラム教徒の中でもっとも低いシーア派の文盲率には、倍以上の開きがある。同様にキリスト教徒とイスラム教徒の所得格差も大きい。宗派抗争は同時に階級闘争でもあるのだ。

前掲書『レバノン　危機のモザイク国家』

一方のドルーズ派はイスラム教の中でも非常に異端宗派であり、かなり特異な位置を占めていると言える。

（指導者である）ムクタナーの没後は宣教活動は中止され、入信は認められなくなり、この派はその後閉ざされた社会としての道を歩むことになる。こうしてレバノンのヘルモン山のワーディー・タイム（著者注：ワーディー＝谷）を中心に固有の信条と習俗をもつ強固な封建的自治国家を形成し、外部との同化を拒否してきた。

前掲書『イスラム教入門』

多数派のスンニ派に迫害されて、長らくレバノン山中に潜伏してきた彼らは、マロン派と同じくレバノンで大きな政治勢力を形成するに至ったが、一方でイスラエル政府に協力的であった。イスラエル領内にもドルーズ派住民がいるが、彼らはイスラエル兵として兵役の義務もあるという。

民族と国家

このようなレバノンの政治情勢を考えるとき、国家と国民について深く考えさせられる。現在の国家モデルというのは西洋諸国が想定した、「一国家、一民族、一宗教」の、いわゆる「ネイション・ステイト」がモデルになっている。日本は（異論はあるにしても）、たまたま「一国家、一民族、一宗教」なので、これを素直に受け入れる素地があった。日本が近代国家としてスムーズに経済発展の軌道に乗れた理由のひとつだろう。

> ネイション・ステイトを生み出した西欧世界自身よりも遥かに古くより、民族集団の分布と政治体の境域がかなり一致し、政治的統合が文化的統合によって裏打ちされてきた東アジアの日本、朝鮮などの場合、「民族」としてのネイションと「国民」としてのネイションが必ずしも一致するものではないということが、ほとんど意識されないほどに、新しい理念に適合的であった。
>
> 『オスマン帝国の解体――文化世界と国民国家』（鈴木董　ちくま新書）

たとえば第一次大戦後、近代化に邁進したトルコは、この問題を克服するために、かなり強引な政策を打ち出した。和平条約であるローザンヌ条約で、ギリシャ領内のイスラム教徒五十万人と、トルコ領内のキリスト教徒百万人の住民交換を強行したのである。この結果、トルコ人の定義は「トルコ語を母国語とするイスラム教徒」となった。同じ論理で言うなら、ギリシア人の定義は、「ギリシア語を母国語とするキリスト教徒」となる。ここに国家と言語、宗教を一致させるという努力が認められる。

しかし多くの国はそうではない。レバノンを見てもわかるとおり、宗教と言語、民族が鋭く対立する国が世界の大半を占めている。
この事実こそが、現在の世界各地で続く紛争の最大の要因だろう。

イエメンは国家ではない？

イエメンという国は、正確にいうと「国家」ではない。

というと、おかしく聞こえるが、国際的に認められているイエメンの中央政府は、必ずしも国民を代弁しているわけではない。イエメンの大統領は長らくサレハという人が勤めてきたが、彼は首都サナアの周辺を支配する部族の部族長だそうである。

周辺には敵対する大部族がいくつかあり、その地域に行くと、当然ながら中央政府の警察権力は及ばない。

二〇〇八年五月に起きた、日本人女性二名の誘拐事件についての読売新聞の報道がかなり的を得ていたので一部を紹介すると、

「北部は険しい山岳地帯に囲まれ、隔絶されている。一帯は独自の慣習法を持つ部族が治める（ミ

ニ国家）を形成しており、殺人などでも警察はなかなか手を出せない。（中略）イエメンは近代国家の形態になっても、実質的には部族統治と変わらない」

つまりイエメンという「国家」には、実はあまり意味がない。一般のイエメン人は、イエメン人であるよりも自分の属している部族に対する帰属意識のほうが、はるかに強いのである。中央政権（と呼ばれている部族）は、集めた税金を、自分の部族の支配地域に使ってしまう。当たり前である。長年、敵対してきた仇敵に塩を送るなんて、するはずがないのである。だから地方のインフラ整備はまったく進んでおらず、報道にあるように、

「地方の武装勢力が、仲間の釈放や、時には、道路建設を求めて外国人を連れ去る」

というようなことが起こるのである。

イエメン山岳社会においては部族の自主性が強く、政府の権力は部族領域のなかには直接には及ばない。この意味では「政府」といえどもその存在感は部族に毛が生えた程度のものでしかない。

『イエメンものづくし　モノを通してみる文化と社会』（佐藤寛　アジア経済研究所）

切り立った岩山の上に要塞のごとくそびえる邸宅。日本における戦国時代とたいして変わらない。

実際にイエメンを訪ねてみれば、首都サナアから一歩外に出れば、電気、水道はおろか、道路すら未整備であることに驚くのである。イエメン人はトヨタのランクルを、それこそ神のように崇めているが、それはまさしく、この悪路でも決して壊れないという、その耐久性能によるのである。

私たちは「反政府武装勢力」というと即、テロリストになってしまうが、実はそうではない。彼らの立場は中央政権とたいして変わらない。単にライバル部族に政権を握られ、不遇をかこっているにすぎないとも言えるのである。

その証拠に、サレハ氏について、先日すごいニュースがあったので紹介しよう。

イエメン前大統領　蓄財7兆円

【ニューヨーク時事】国連安全保障理事会でイエメン関係者に対する制裁履行を監視する専門家パネルは25日までに、制裁対象であるサレハ前大統領が2012年までの在任33年間に、320億～600億ドル（約3兆8000億～7兆1400億円）を蓄えたとみられるとする報告書をまとめ、安保理に提出した。

（時事通信　二〇一五年二月二十六日十五時一分配信）

報道によれば、その大半が隠し資産で、現金や株、金などの形で少なくとも二十カ国に分散保管されているという。他のライバル部族が怒るのも無理はないというものである。

「中央政府が、その国の国民すべてを必ずしも代表するものではない」という事実は、私たちに、新しい視点を与えてくれる。

たとえばアフガンやソマリアで、なかなか治安の悪化が収まらないのはなぜか。ＩＳ（イスラミックステート）が自由勝手にシリアとイラクを行き来できるのはなぜか。ミャンマー北部の国境が「ゴールデントライアングル」と呼ばれ、違法な麻薬が大量に売買されているのはなぜか。アフリカ諸国で選挙のたびに暴動が起こり、多数の死傷者が出るのはなぜか。

それらは要するに、国家に対する国民の帰属意識が極めて小さいことが、そもそもの原因なのである。

最後に申し添えておくべきは、彼らは、どこぞの報道にあるような無法な連中ではまったくなく、むしろ大変な親日家であり、本書で再三指摘しているとおり、旅人に親切な人々であるということである。

私たちはイエメンの地方部族のご家庭に泊まらせてもらったが、上にも置かぬ歓待ぶりであった。極上のカートが振る舞われ、一族の若い衆が踊りを披露してくれた。そして二日の滞在を終えたとき、その地域の有力者であるところの主人は、目にほんのりと涙を浮かべて言ったのである。

「今度来るときはホテルに泊まってはいけない。空港からまっすぐわが家に来なさい」

アラブの旗

アラブ諸国の国旗には、赤、白、黒、緑を基調にしたものが多いが、特にシリアとイラクとエジプトの国旗は、よく似ている。違いは中央の緑色の「★」である。シリアは「★★」、イラクは「★★★」。エジプトになると「鷲」が描かれている。イエメン研究の第一人者、アジア経済研究所の佐藤寛氏によると、これは軍隊の階級であるという。すなわちシリアは中佐、イラクは大佐、エジプトは少将である。アラブの軍隊では将官クラスになると鷲が描かれるのだ。よってエジプトが一番エライということになる。

この三国は歴史上のライバルでもあった。イスラム帝国の首都は、創立当初のウマイヤ朝ではシリアのダマスカスだったが、アッバース朝にカリフが移ったことで、イラクのバグダッドに奪われてしまった。そしてバグダッドが蒙古軍団にぶっ壊されると、首都の座はエジプトのカイロに移るのである。

現代史でも、この三国は「大アラブ主義」を主張して譲らなかった。シリアもイラクも長らくバース党の一党独裁で、統一アラブの実現を目指していたし、エジプトでは、かのナセルが同じことを言っていた。バース主義とナセリズムに共通しているのは、アラブ連合の実現である。エ

鷲のマークはエジプト。★三つがイラク。★二つがシリア。★一つがかつての北イエメン。そして★なしが現在のイエメンである。

ジプトとシリアが統一国家をつくったこともあったが、ほんの数年で解消してしまった。理由は「エジプト兵士の傲慢な態度にシリア人が怒ったからだ」と聞いたことがある。国旗の序列で言えば確かにエジプトのほうがエライ。やはりこの三国は、永遠のライバルなのである。

もう一国だけ、似たような国旗の国がある。イエメンである。この国の国旗には「★」がない。いや、かつてはあった。北イエメン共和国の頃にひとつだけ。しかし一九九〇年に南北イエメンが統一されると、「★」はなくなった。イエメン内戦時に、エジプトが介入して軍隊を送ったことがある。それ以来、イエメンとエジプトは仲が悪い。「★」がなくなったのは、誇り高いイエメン人が、エジプトの「部下」になるのを潔しとしなかったからではないだろうか。

技術力の「齟齬」

外国を旅行していて、いつも感心するのは「日本製ツメ切り」の性能のよさである。外国のツメ切りと比べると、もう雲泥の差。名刀備前長船とハサミくらいの違いがある。まずカタチが違う。日本のツメ切りはツメの形状に合わせて刃が凹状だが、外国のツメ切りには、なぜか凸状のものがある。このツメ切りで切ると、当然ながら切り口がボコボコになってしまう。なんでこんなヘンなカタチなんだろうか。わけがわからないのである。

切れ味も違う。刃のつきが悪い外国製は、ツメの切り口がささくれてガビガビになってしまい、袖の通りが悪くなる。

しかし「刃物が切れない」というのはツメ切りに限ったことではない。たいがいの途上国の包丁は、なまくらである。ちゃんとした研ぎ石がないのも理由だろうが、刃物自体が不良なんだろうと思う。携帯電話やパソコンがどれだけ普及しても、そういう基本的な技術が未熟なのだ。

インドを旅行していて、そういうある種の「齟齬」を見かけることが、たまにあった。

ダージリンという北部の町で小包を発送したとき、窓口の男性が舌打ちしながらゴソゴソなにかやっている。覗き込んでみると、バーコードを入力したいらしいのだが、なかなか読み取らないのである。印刷が悪くて、機械が読み取ってくれないのだ。コンピューターが普及して、オンライン化がどんどん進んでいるのに、基本的な印刷技術が追いついていないのである。

デリーの国際空港でインフォメーションの窓口に行ってみると、三名の若い女の子がにこやかに対応してくれた。立派なパソコンも二台あった。しかし彼女たちが実際に扱っているのは、台帳に手書きされた名簿なのである。

インド名物のひとつに停電がある。デリー市内の商店では、それぞれ発電機を常備していて、停電と同時に一斉に稼働させる。また電圧も不安定である。一度、パソコン画面がパッと明るく光ったことがある。瞬間的に高電圧が流れたのだ。おそらく空港のパソコンも、異常電圧によって吹っ飛んでしまったのではないだろうか。

　こう言った技術力の「齟齬」のようなものが、途上国ではよく目につくのである。

トレーサビリティ

　最近よく聞く「トレーサビリティ」。主に食品流通を遡って追跡調査できるシステムのことだが、郵便業界でも大活躍している。今回の旅行では何度か荷物を送ってもらったけれど、一度として紛失したことがなかった。インターネットの普及で、荷物がどこまで到着したのかを逐一パソコンで追跡できるからだ。

　トルコのイスタンブールにも、局留めで日本から荷物を送ってもらった。郵便局の窓口のオバサンに来意を告げると、

「さあねえ、そんなの見てないけど」

というようなことを言ってパソコンに向かった。私はその時「ある予感」を感じていたので、パソコン画面から目を離さずにいた。

　案の定、予感は的中した。彼女は私が渡した受理番号を打ち間違えたのである。画面に映し出

された エラー表示を指さして、彼女はさもありなんといった表情で言った。

「やっぱりそんな小包は届いてないわよ」

違うだろ。アンタが打ち間違っただけじゃないか。

私は抗議した。オバサンの打ち間違いであることを語学の限りを尽くして説明した。しかし通じない。オバサンの頭の中では、「荷物は届いていない」ことが、なかば既成事実と化しているのだ。

そこにたまたま通りかかった若い女性があった。彼女は私が打ち間違いを指摘していることに気づいてくれ、メモを確認しながら打ち直してくれた。すると次の瞬間には、日本を発送されてイスタンブールに到着するまでの日付が、時間まで正確に表示されたのである。

こうして私は無事に荷物をゲットできたわけだが、ここで私は考えるのである。

あのとき私が抗議していなかったら、どうなっただろう。

「届いてないわね。残念」

それで終わっていたのである。私は前もってインターネットで検索して、荷物がすでに届いていることを確信していたから、ここまで強弁することができたわけだが、しかしその確信がなかったならば、オバサンの言葉を信じるしかないのだ。

たとえそれが、オバサンのタイプミスという単純なマチガイが原因であったとしても。

インドの「カースト制度」はホントに悪いのか？

インドを理解するための最も重要なキーワードのひとつに「カースト制度」がある。インド社会を職業や身分によって厳しく細分化したこの制度は、ご存知のとおり、すこぶる評判が悪い。曰く「前近代的である」とか「人権侵害である」とか。

しかし私は実際にインドに行ってみて、この制度が、よくも悪くもインド社会に不可欠なのだということを痛感した。

例えば町のレストランに入ってみよう。給仕が注文をとりに来て、しばらく待つと料理が運ばれてくる。食事が終わって一服しながら、フト見ると、床掃除をしている人がいる。そしてレジでお金を払い、「ナマステ」と言って出る。

そこでハタと足を止める。

よく考えてみれば、この三つの作業をする人全員が「違う人」ではなかったか。すなわち給仕係、掃除係、レジ係が、すべて「別人」なのである。日本なら当然、すべての作業をひとりの給仕が兼務するわけだが、しかしインドではそうはならない。なぜならこの三つの職業が、それぞれ別のカーストに属しているからである。給仕のカーストは決して床掃除をしないし、床掃除カーストは、決して注文をとりにこない。

これがいわゆる「カースト制度」の実際である。

言うまでもなく、このような雇用形態は決して能率的ではない。日本のようにひとりの給仕にすべてを任せたほうが合理的だし、そのぶん彼の給料を増やせば、彼の「やる気」も断然アップするというものである。

しかしインドではそうはしない。なぜならそういうことをすると、多くの人が「食いっぱぐれる」からである。仮にインドのすべてのレストランが、この三つの仕事を、たったひとりに兼務させたとしたら、おそらく数億人が職を失うことになるだろう。

つまりこういうことが言えると思う。

インドでは限られた職業を、多くの人々で分かち合うために「カースト制度」がある。すべての人にあまねく仕事を与えるために、「カースト制度」は非常に有効なのである、と。

しかし一方で「ひとりぶん」で済む給料を三人で分かち合うのだから、当然ひとりあたりの給料が「超低空飛行」になることは言うまでもない。

インドの貧困問題は、こういうところからも説明できるかもしれない。

アメリカとインド

アメリカとインドは意外にもよく似ている。

アメリカという国は、ブルーカラーとホワイトカラーが鋭く対立している国だ。だから労使関係は非常に険悪というか敵同士というのに近いらしい。ブルーカラーは労働組合を作って連帯し、経営者に対抗する。

しかも日本のように会社ごとに組合があるのではなくて、すべての職業人が連帯する。だから、たとえばGMの組み立て工がストライキを起こすと、他の会社もすべて、トヨタもクライスラーもフォードも、すべての組み立て工がストライキに入る。

あるいは必要以上の仕事をすることは組合の規約に反するからサボタージュは当たり前である。NYの地下鉄を歩いていると、安全帽をかぶった黒人のおっさんたちが手持ちぶさたに雑談したり、ベンチで寝ているのをよく見かけた。彼らに道を聞いても「駅員に聞きな」と言われるだけである。

大きな会社になると「荷運び課」みたいなのがあって、社内の異動に合わせて荷物を運ぶとい

うと、

う。たとえ隣の机に引っ越すとしても、彼らがやらなければならない。もしも自分でやってしま

われわれの仕事を、組合員でもないお前らが勝手にするとは何事だ。今後、われわれの仕事を奪うような行動をしたら、会社に申し入れてお前をクビにしてやる。

『米国さらりーまん事情』（松浦秀明　中公文庫）

このような話を読んでいて直ちに思い浮かべるのが前出のインドのカースト制度であることは言うまでもない。

あるいはNY在住の友人の話では「アファーマティブアクション」（貧困層のための採用枠）を設けている企業や学校が多いという。これはインドでも不可触民に対して行なわれている。一説によると、インドで時々、信じられないような大規模な列車事故が起こるのは、このせいではないかと信じられているらしい。

多民族、多言語、巨大な国土、格差社会。

やはりアメリカとインドはよく似ているのである。

クロージングセレモニー

二〇〇八年末に亡くなったサミュエル・ハンチントン教授は『文明の衝突』という著書で一躍有名になったアメリカの国際政治学者である。この本で教授は、冷戦後の世界は、いくつかの宗教を基軸にした文明圏に分裂し対立すると予言した。この予言が見事に的中したのは、ご存知の通りである。

ハンチントン教授によれば、国際紛争は「文明の断層」で起きるという。たとえばフィリピンのミンダナオ島はキリスト教とイスラム教の断層である。タイ南部は仏教とイスラム教の断層だ。スリランカは仏教とヒンズー教の断層。パレスチナはユダヤ教とイスラム教の断層である。

今回の旅行で、私たちはいくつかの「文明の断層」を横断してきたけれど、その中でももっとも「面白かった」のは、インドとパキスタン、つまりヒンズー教とイスラム教の「断層」である。

インド北部アムリトサルのパキスタン国境は「クロージングセレモニー」で有名である。午後五時過ぎにリキシャを飛ばして国境に向かうと、そこには立派な観客席が設けられていて、ざっと数えて三千人くらいの観客がひしめいていた。スピーカーから絶叫が響き渡る。

大群衆に圧倒されたクロージングセレモニー。パキスタン側でも負けじと盛大なのをやっているらしい。両国は永遠のライバルである。

「ヒンドゥスタン！　ジンダバード！」（インド万歳！）

熱狂に包まれた群衆がどよめき、拍手と喝采が起こる。

六時過ぎた頃、イミグレオフィスの前に八人の盛装した儀仗兵が一列に並んだ。

「パッパラパッパッパッパ〜〜〜〜」

ラッパが鳴った。するとその中のふたりが、猛烈な早足でパキスタン国境に向かって行進を始めた。両腕は前後一八〇度きっかりに振り上げ、背筋をまっすぐに伸ばし、顔は正面を向いたまま、一直線に歩いていく。

「うお〜〜〜〜〜！！」

群衆から喝采が沸き起こる。大興奮である。

儀仗兵は国境ゲートに達すると、足をほとんど垂直にまで高々とふり上げて、踵を地面に叩きつけ、道路をはさんで正対した。その一連の動作が、一分の隙もなく、直線的でカッコイイ。次のふたりが行進を始める。

またしてもどよめきが起こる。そうやって、八人の儀仗兵が全員、国境ゲートに整列すると、またラッパが鳴った。観客全員が起立する。

「パッパパッパラパッパッパッパ〜〜〜〜」

国旗が徐々に降ろされていく。最後に儀仗兵たちによって、きれいに折りたたまれ、それを捧げ持った兵士を中心に隊列を組んだ八名が、またしても素晴らしい早足で戻ってきた。それでセレモニーは終了した。

その間ほんの十五分ほどだが、わざわざ見に来る価値はある。しかもタダだし。

群衆はまったく満足した様子で、待たせておいたリキシャに乗り込んで、三々五々と引き上げるのであった。

こんな平和な「断層」なら、大歓迎ではないか。

恐怖のエレベーター

エジプトの首都カイロには典型的なコロニアル様式の高層建築がたくさん残っている。それも築百年は下るまいという古いビルである。いわゆる安宿というのは、そういう古い建物に集中していることが多く、その中でも格安の宿の場合、上層階にありながらエレベーターが壊れていたりする。当然ながら階が上に行くに従って宿泊料は安くなる。

私たちが泊まった宿も、そういう古い建物の六階だった。エレベーターは観音開きの古い古い木枠のドアで、一階でボタンを押すとガタピシと音を立てながら降りてくる。乗り込むとギシギシと床が軋み、上がる途中では階と階の間のコンクリートの層が丸見えとなり、到着すると「ガクン」という衝撃とともに急停止するのである。

一度このエレベーターに修理が入った。宿を出てみると、修理工の男が油まみれの手で作業をしており、我々を見かけると、

「オマエたちはラッキーだな！　ちょうど今、修理が終わったところなんだ。さあ乗ってくれ」

満面の笑顔で我々を促すのである。

しかし修理が入ったということは、どこかが故障したということである。彼を信用しないわけではないが、正直言って、あまり乗りたくない。しかし胸を張って我々を促す男の好意を断るわけにもいかない。

「オマエ、先に乗れよ」

「イヤだ。アンタ乗ってよ」

私と嫁が譲り合っているのににじれた男は、自ら率先してエレベーターに乗り込んだ。

「大丈夫だって‼　ほら乗った乗った‼」

私は腹をくくって足を床に乗せる。

ギシリと床が軋んだ。続いて嫁が乗り込み、男は無造作にドアを閉め、一階のボタンを押した。

衝撃とともにエレベーターが下り始めた。私は身体を硬くして身構える。緊張の瞬間である。

もう一度、強い衝撃とともに一階に辿り着き、ホッとしてエレベーターを出た我々に、

「どうだい！　なんともなかっただろ？　オレが直したんだから」

男はそう言って、もう一度胸を張った。

しかしそれから数日して、我々は恐るべき事実を知ったのである。いつものようにこのオンボロエレベーターに乗っていて、私はぼんやりと、壁に貼り付けてある真鍮のプレートを眺めていた。そこにはスイスのS社の名前があり、その横に「１９７４」とあった。

「一九七四年製なんだ。どうりで古いよな」

私はなんとなく納得した。しかし次の瞬間には別のギモンが起こっていた。

「三十年前のエレベーターって、こんなに古かったか⁇」

そして私は眼を凝らして、よくよくそのプレートを見つめた。

「１９７４」の「９」の字が、かすれてよく読めない。私は伸び上がって、さらによく見つめた。

「９」だと思ったその数字は「８」であった。

つまりこのエレベーターは「一八七四年製」だったのである。

その瞬間、私は床が抜ける恐怖に駆られて、無意識のうちに、なにかつかまるところを探した。そして取っ手のようなモノがなにもないことを悟ると、両腕を広げて「つっかえ棒」のようにして壁の両端を押さえたのである。

突然、奇怪な姿勢をとり始めた私を、嫁が怪訝な顔をして眺めていたことは言うまでもない。

新市街と旧市街

このようなコロニアル様式の建物というのは、世界中の旧植民地の主要都市で見かけることができる。当時の建築が、そのまま現在も使用されていることが多いのである。そしてそれは、地元の人々が本来住んでいた旧市街に近接して開発された新市街の、典型的な街並みでもある。この新市街と旧市街の関係について、『チョゴリと鎧』（池明観　太郎次郎社）に興味深い指摘がある。

日本でも、私鉄を走らせると、その沿線の地価が急騰し、市街地ができ、デパートも建ちます。企業は鉄道を走らせることでそういった事業にまで手を伸ばして巨大な収益をあげます。では、朝鮮人が住んでいる旧市街があるとすると、日本人が鉄道を敷設しようとしたとき、どこに敷

カサブランカの新市街にはコロニアル風の瀟洒な建物が林立する。区画整理もされている。

設したでしょうか。朝鮮で私がまだ小学校に通っていた頃の話です。

日本人は旧市街地からできるだけ離れたところへ鉄道を敷いたのです。旧市街地から駅までは数キロメートル離れているのがふつうでした。そして、駅を中心に新しい市街ができて、そこに日本人街が生まれます。そうなれば旧市街はすたれていくわけです。

鉄道を敷いた周辺の土地は、いうまでもなく高騰する。その土地を事前に買い占めておけば莫大な利益が出る。そうやって日本は儲けていたわけである。

こういう傾向は、当然のことながら日本に限ったことではない。

ゴチャゴチャと汚く、人が多くて猥雑な

デリーと、広大な舗装路がどこまでも続くニューデリーの対比は象徴的である。ベトナムの商都サイゴンのチョロン地区と新市街。エルサレムやダマスカス、カイロ、アルジェ、マラケシュなど、アラブの多くの町のカスバ（旧市街）と新市街。植民地となった国の首都は、たいがい似たような構造になっているのではないだろうか。

公共施設や鉄道など、都市の機能を集中させることで土地を高騰させ、濡れ手に粟で利益をむさぼる無法が、戦前には平気で行なわれていたわけだ。こういう違法なインサイダー取引によってボロ儲けした旧宗主国の投資家や貴族は、今でもそのアガリで食っているのかもしれない。イギリスが「インドのために」インフラを整備したというような言説が、いかにデタラメであるかということを、改めて思うわけである。

このような不正行為は現在も続いている。

アフリカ関連のルポルタージュを多数、世に送り出している朝日新聞記者、松本仁一氏は、フランスの旧植民地諸国に対する不正を指摘している。

西アフリカのセネガルが独立後、フランスは援助名目で「コーペラン」（行政顧問）を大量に送り込んだ。未熟な現地官僚はそうしたコーペランに頼りきり、行政はコーペランが取り仕切るようになる。

（中略）フランスのコーペランは仏語圏アフリカ一四か国のほとんどに送り込まれており、セ

ネガルと同じような状態がそれぞれの国で起きている。　『アフリカ・レポート』（岩波新書）

セネガルにダム建設が始まると、コーペランから情報を得たフランスの食品会社が周辺の農地を買い占めてしまい、現地農家はピーナツを栽培する農業労働者に転落する。こういうことが続くと、農地は商品作物で占められ、食糧自給率は低下する。そしてセネガルは食料を輸入することになる。輸入元はもちろんフランスである。

こういう不正は、おそらく世界中の旧植民地と旧宗主国の間で行なわれているだろう。

分割統治

「divide and rule」、日本語では「分割統治」と訳されるこの言葉は、帝国主義時代の植民地政策で必ず登場する歴史用語である。この言葉は、西洋諸国による植民地経営を知る上で、不可欠な統治概念である。

例えばインドの場合。

イギリスは、それまで平和的に共存していたヒンズー教徒とイスラム教徒を、故意に対立させるような政策をとった。インド総督カーゾンは、もっともイギリス統治が長く、従って民族運動も活発なベンガル州を、イスラム居住区（現在のバングラデシュ）とヒンズー居住区（インドの西ベンガル州）に分割する法律を制定した。さらにヒンズー教徒のインド国民会議派に対抗して「全インド・ムスリム連盟」を創立させた。これがその後のパキスタンの分離独立につながる大きな流れになったことはいうまでもない。

こうしてイスラムとヒンズーの民族対立をあおり、インドの統一的な民族運動を阻止して内部分裂を図り、民衆の不満を植民地政府から逸らそうとしたわけだ。

同じようなことは、中東イスラム諸国における少数派部族とスンニ派の対立、キリスト教徒とイスラム教徒の対立、あるいはインドシナにおけるベトナム人と、クメール人やラオス人の対立、ルワンダにおけるツチ族とフツ族の対立、インドネシアにおける華僑とムスリムの対立など、世界中で行なわれた。

現在、世界中で起こっている紛争のかなりの部分は、帝国主義諸国による、こうした「分割統治」に起因していると言っていいだろう。

安物家電が与える影響

エジプトのカイロの電気屋で三百円で売っていた小型ラジオを買った。「MATSOBISHI」という、聞いたことのないメーカーである。「松下とソニーと三菱の合弁会社ではないか」という恐ろしく好意的な見方もできるが、もちろんそんなわけはないのである。

こういう日本製品の「パクリ商品」について、以前の私は日本人として、嫌悪の気持ちが大きかった。しかし最近、これらの「偽造製品」に対する見方が好意的に変わってきた。なんでかというと、実際にこれらの製品を愛用している人々が、たくさんいることを知ったからだ。

例えばイエメンでお世話になったご家庭にも、こんな感じの中国製のテレビがあった。機能はきわめてベーシックだが、もちろんちゃんと映る。そしてなんと言っても、日本の純正品と比べて破格に安い。

お金持ちは別として、途上国の庶民にとっては、「メイド・イン・ジャパン」は高嶺の花である。日本製品がバツグンに性能がよいことは誰でも知っている。しかし高すぎて手が出ないのだ。

世の中には日本製品を買いたくても買えない人々が、それこそ星の数ほどいる。そういう人々

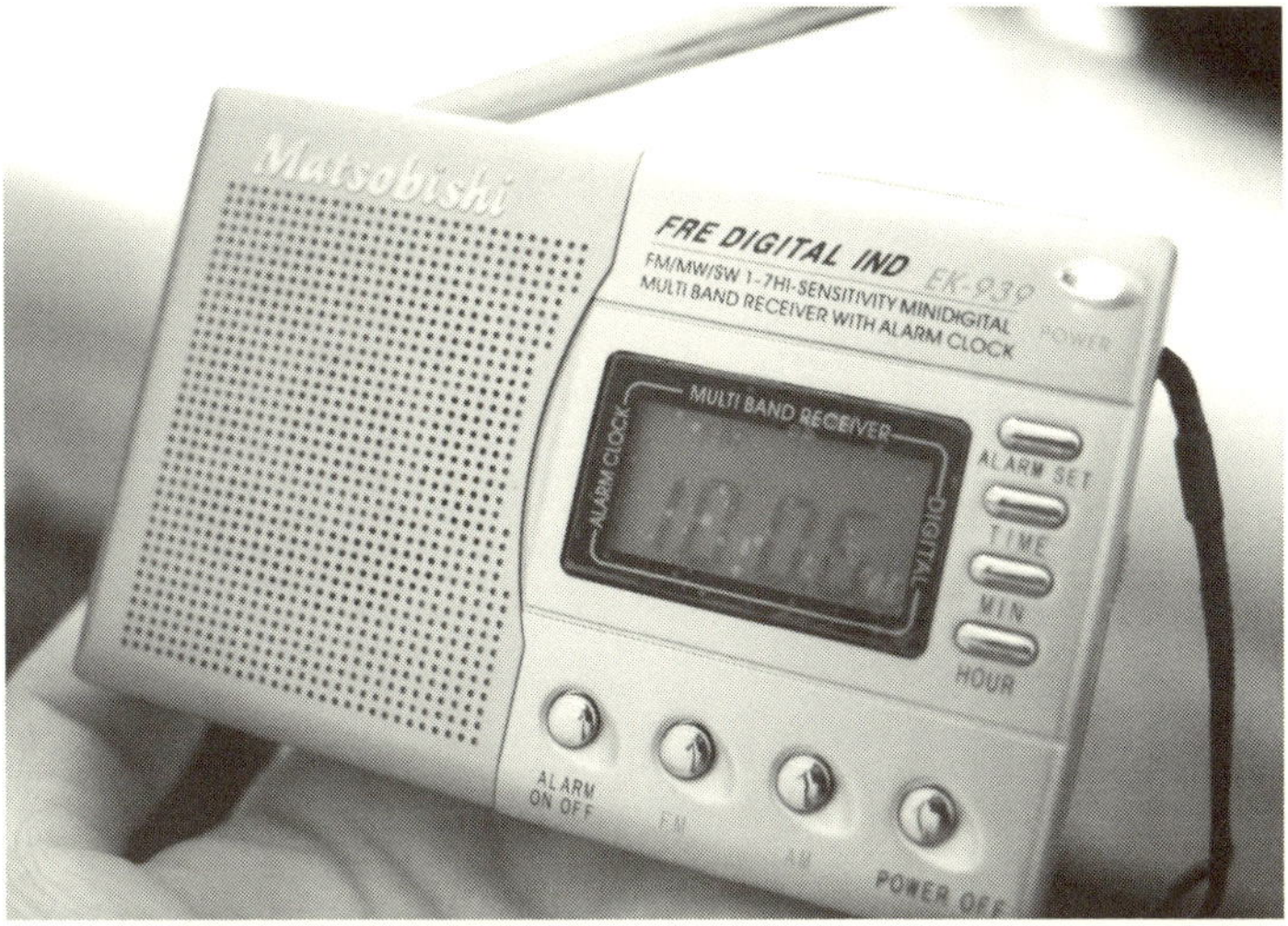

安物中国家電の典型である携帯ラジオ。もちろんちゃんと機能するが、電波が届きにくいなどの難点も確かにあった。

に、多少品質は落ちても、安い家電製品を供給することは、それはそれでよいことではないかと考えるようになったのだ。

イエメンの男達にとっては、サウジやドバイに出稼ぎに行き、家電製品を満載したトヨタのランクルで、故郷に錦を飾るのがステイタスなんだそうだ。

彼らの夢を託した家電製品が、たとえ日本製品を騙った「バッタモノ」だったとして、それを非難することに、なんの意味があろうか。六〇年代の日本だって、「三種の神器」がそろった近代的な暮らしが、庶民の夢だったのである。

一方で、このような格安テレビの普及は、現在のイスラム地域に相次ぐ政変に間接的に影響を与えているように思われる。

格安テレビや衛星受信機の普及で、砂漠

のど真ん中でもテレビ中継が観られるようになった。国営放送なんてつまらないから誰も観ない。衛星放送には何百というチャンネルがあるのだ。アメリカのドラマ「セックス・アンド・ザ・シティ」や「ビバリーヒルズ青春白書」のような、欧米のふしだらで豪華極まりない暮らしを、自分たちの部族社会から一歩も出たことがないアラブの遊牧民が目の当たりにする。

彼らは彼我の暮らしの想像を絶する隔絶に衝撃を受けるに違いない。そして次に来るのは、富の再分配を要求する動きだろう。一部の人々は、それを実現するためにデモを起こし、また一部の人々は、豊かさを求めて欧州に渡り、謂われのない差別を受ける。

近年になって「アラブの春」といわれる暴動が多発し、イスラム過激派が異常に台頭したのは、格安の中国家電が出回ることで、世界的格差が露呈してしまった結果とも言えるのではないだろうか。

このような「中国のインパクト」は途上国全体に波及している。南米ベネズエラの故チャベス大統領が、あれほど強硬に反米姿勢を貫けたのも、中国という新手の取引相手が登場したからに他ならない。

「あ、そう？　じゃあ中国に売るから、いいや」

要するに、そういうことなのである。中国の台頭は途上国に新たな選択肢を与えている。それは相対的に途上国の発言力を増すという意味で、非常に健全に作用しているとも言えるかもしれない。

第4章

イスラムと西洋

イスラミックステートによる拉致殺害事件

一般にアラブの人びとには国家という概念は薄い。国境なんて砂漠の砂の果てにあってないようなものである。彼らは遊牧民であり、キャラバンを率いる交易商人であり、同時に略奪集団であった。住民票も本籍もない彼らから税金を取るのは至難の業である。従って国家権力は、なんとか彼らを定住させようと躍起になる。これに反発する遊牧民は軽々と国境をこえ、砂漠の彼方に消えてしまう。かくして彼らは政府と対立した「反政府ゲリラ」と呼ばれるようになる。

アラブとはかつて「遊牧民」を意味する言葉として使われたこともあるが、歴史的に移動性の高い生活様式をもち、モノとヒトの移動が頻繁で、それらが集まっては散っていく現象を日常的なものとして体験してきた。こうした離合集散型の動態が、ついには国家レベルにまでおよび、トランスナショナルの伝統、言いかえれば国家の枠にとらわれず、国境をこえて統一・統合と分散・離散を繰り返すことにさしたる抵抗を感じない性向が、形成されていったというのである。

『中東を読むキイワード』（浅井信雄　講談社現代新書）

シリアとイラクにまたがって勢力を伸ばすＩＳ（イスラミックステート）が、国境をまたいで跋扈する背景には、こうした移動性、独立性がある。

このような現象は砂漠に限らない。アフガンの山岳地帯もそうだし、フィリピン南部の海賊も同じだろう。国境というものが、実はつい百年ほどの間に引かれたものであって、これになんらの制約も受けない人が、世の中にはけっこうたくさんいるのである。

「アラブの砂は強く握らないとバラバラになる」という諺がある。独立自尊のアラブ人をまとめるには強いリーダーが必要であり、それが失われた瞬間、空中分解するという意味である。現在の失敗した「アラブの春」は、まさにこの状態と言えるだろう。

過剰な日本賛美の裏側

二〇一五年二月に発生した日本人拉致、殺害事件以降、日本のマスコミの関心は、「今後、日本あるいは日本人が標的にされるのかどうか」に集中していたように思われる。

しかしそれは多くの専門家が指摘するように的外れであると私も思う。起こりうる可能性としては、真の標的である欧米人の巻き添えを食うという形で犠牲者が出ることで、三月に起きたチュニジアの博物館での殺傷事件などは、その典型だろう。

確かに日本は欧米に連なる先進国であり、常に歩調を合わせてきたわけだが、中近東の人びとにとっては厳然たる区別がある。それは、あまり報道されることはないが、明らかに日本が有色人種の国であり、アジアの国であるという事実によるのだと思う。そしてその有色人種でありアジアの一員である日本人が、欧米と互角以上に渡り合い、彼らの利権に食い込み、蚕食していることに、イスラム圏の人々が、ある種のカタルシスを覚えているという事実によるのだと思う。

中近東を訪ねた多くの旅行者が言うように、日本ブランドに対する彼らの信頼は揺るぎないものがある。自動車はもちろん家電製品や腕時計に至るまで、日本製品は珍重される。

日本と日本製品に対する、この過剰なまでの信頼と尊敬の念は、もちろん品質の高さによるところが大きいだろう。しかし一方で、それは彼らの欧米に対する反感の裏返しではないかと、私には見受けられる。

一般アラブ人の、中国および中国製品に対する侮蔑感情はすさまじいものがあるが、一方で欧米あるいは欧米製品に対する評価は、ほとんど語られない。まるでその存在を語ること自体がタブーであるかのように。その一方で、ことさら日本製品が褒め称えられる。そこに私は、彼らの欧米に対する、ある種のルサンチマンを感じずにはいられない。彼らが日本製品に対する賛辞を並べれば並べるほど、彼らの「奢侈な隣人」に対する、拭いがたいコンプレックスのようなものを感じるのである。

その鬱屈した感情は、過去を振り返れば理解できるはずである。

シルクロード

歴史上、イスラム世界は欧米を上回る繁栄を築いていた時期が相当長い。現在、世界最先進地域のひとつである北西ヨーロッパは、単なる世界の辺境であった。ヨーロッパといえば昔から世界の中心のような印象があるが、そんなことはないのである。それは過去四百年あまりのことでしかない。それ以前の千年もの間、世界の中心を占めていたのは、間違いなく中国であり、そこからもたらされる莫大な交易品を独占していた地中海イスラム世界であった。

かつてローマ帝国と中国を結んだシルクロードのメインストリームは「オアシスの道」だったが、ローマとササン朝ペルシャが戦争を始めた西暦三世紀頃から、戦禍を避けるために南に移動し、インド洋を経由する「海の道」が発展した。そのおかげで繁栄したのがアラビア半島であった。この時期、メッカにイスラム教が発生したのは偶然ではないだろう。

イスラム帝国は瞬く間にペルシャ帝国を併呑してしまった。シルクロードに再び安定期が来る。次に戦争が起こったのは十字軍であった。戦禍を避けるため、シルクロードは北に移動し、「草原の道」が発展した。これにより大躍進したのがモンゴル帝国であった。モンゴルはあっという間にユーラシアを併呑した。遊牧民が政権を取ると民族交流と交易が発展する。商人であったマルコ・ポーロが無事に中国に到達できたのも、この時期だったからとも言えるだろう。

モンゴルが去って再び動乱期に入る。中央アジアではチムールが暴れ回り、それに続いてオスマン帝国が東ローマ帝国と攻防を繰り広げる。これにより「草原の道」「オアシスの道」が同時に閉ざされ、再び「海の道」が発展する。明朝の鄭和が大遠征を行なうのはこの頃である。この海上交通の発達に乗っかったのがポルトガルである。イスラム世界を避けてアフリカ大陸を大きく迂回し、ようやくインドに辿り着いた。同時に新大陸から西回りでスペインが香料諸島に到達する。

これ以降、ヨーロッパ世界の破竹の進撃が始まるわけだが、一方で世界は安定期に入る。地中海世界にはオスマン帝国が、インドにはムガール帝国が、中国には清朝が、日本には徳川幕府が、ロシアにはロマノフ朝が、という具合に長期政権がそれぞれ誕生した。

世界が安穏としている間に戦争を続けていたのは欧州だけであった。その結果、軍事技術は大幅に進歩した。ナポレオンは徴兵制という画期的な制度を発明し、イギリスは造船技術を発達させて海洋帝国を出現させる。外交官は練達な駆け引きに習熟し、戦費を捻出するための金融業が発展した。「絶えざる人殺しの歴史」こそが西洋の興隆を誘発したわけだ。

軍事的な要因が、新しい民族国家の国境を定めるのに一役買い、たび重なる戦争が少なくとも消極的なかたちでの国家意識を育てあげた。イギリス人はスペイン人を憎み、スウエーデン人はデンマーク人を憎み、オランダ人の反逆者たちはハプスブルク家の以前の領主たちを憎むようになったのである。さらに、何よりも戦争のために、交戦国の国家支出は莫大なものにふくれあがり、各国はこれに見あう収入の道を確保するために狂奔しなければならなくなった。

『大国の興亡』（ポール・ケネディ　鈴木主税訳　草思社）

近代国民国家というものは、果てしなき憎しみの結果として生まれたということがわかる。こうして十九世紀には、いわゆる「欧米列強」ができあがり、安穏としていた世界は、ことごとく植民地として征服されたのであった。

アラビアのロレンス

現在の中東情勢を語るときに必ず登場するのが、第一次大戦時の、いわゆる「イギリスの三枚舌」である。様々な本で解説がなされているが、おさらいすると、こんな感じである。

イギリスにとって大植民地インドへの道は死活的に重要であった。「ユニオンジャックの矢」（『世界を知る力』寺島実郎　ＰＨＰ新書）といわれるイギリスの権益は、ロンドンからドバイ、インドを経由し、シンガポールを経てシドニーに至る。その間に点在するジブラルタルやマルタ、南イエメン、ソマリア北部などもイギリスの手に落ちたが、その中でも最も重要であったのが、スエズ運河の権益確保であった。

第一次大戦当時、そこはオスマン帝国の半属領であるエジプトの統治下であった。イギリスは、同じくオスマン帝国領内のメッカの太守フセインをけしかけて反乱を起こさせようと画策する。その見返りに戦後、アラブの独立を支持するという内容の密約を交わす。これが「フセイン・マクマホン協定」であった。

この時、現地に派遣されたのが、のちにイギリスの英雄となる「アラビアのロレンス」ことT・

E・ロレンスである。彼が映画のように活躍したわけではないことは、すでに様々な検証がなされている通りだが、一例を挙げれば、

「アラビアのロレンス」とは、西洋人が西洋でつくった西洋のお話であり、英雄の出現に舞台を提供したアラブはなんら関知していなかったということだ。

（中略）そこではアラブの立場が無視されている。西洋人のアラブ蔑視の表れだ。このような差別感はロレンスの著書に随所で見かけるが、それにしても、アラブの視座から見ると、これまでのロレンス論とは何と不毛な部分が多かったのだろう。

『アラビアのロレンスを求めて』（牟田口義郎　中公新書）

金髪碧眼の青年が駱駝にまたがり、アラブの反乱軍を指揮して悪のトルコ軍を打ち破る。西洋人にとっては、たまらないストーリーなわけだ。

しかし問題は、それがまるで史実のように、だれもが認識していることだろう。この本を読めばわかるように、実際にトルコ軍を背面から攻撃し、鉄道を爆破できたのは、アラブの部族長の英雄的活躍の結果であり、ロレンスは彼らの活動を英軍に報告する一介の情報将校でしかなかった。たとえばロレンスの自伝『砂漠の反乱』（柏倉俊三訳　角川文庫）に、このような記述がある。

私は（普通の考え方とちがうけれども）この点を固執し、重大視した。というのは、それだけ、ここは、全線の最重要地点であったからである。アラブ人は、そういうことはわからない。彼らの心は、不可欠の要求で結ばれている長いトルコ前線の全相貌を描いてみることができないからである。

まるでアラブ人は無能で、作戦を立てられるのは自分しかいないような言い草だが、実際には、鉄道爆破を計画し、遂行したのは、アラブの王子ファイサルと弟のアブドラであった。ロレンスはなにをしたのかといえば、主にアラブ軍による戦果の調査であったという。

映画でも有名なアカバ攻略も、部族長アウダの提案によるもので、ここでもロレンスは指揮官でもなんでもない、ただの連絡将校でしかなかった。彼はアラブの独立のために働いたのではなかった。イギリス人としてイギリスのために働いただけであった。

ロレンスは後年、このような世間の虚像とのギャップに悩み、奇行を繰り返してバイクで事故死してしまった。「自分の欺瞞に対する歴史の厳しい判決を恐れる一個の繊細で学識のある人物でもあった」（前掲書『アラビアのロレンスを求めて』）とあるように、国家の要請により英雄に祭り上げられた不幸な青年でもあった。

食卓の上でできた国

次にイギリスはフランスと戦後のオスマン帝国の領土分割について密約する。これが「サイクス・ピコ協定」である。

最後にイギリスは軍資金を集めるため、ユダヤ人の大金持ちロスチャイルドにユダヤ国家建設を支持する書簡を送った。これがいわゆる「バルフォア宣言」である。

これら三つの密約が奏功して、イギリスは第一次大戦に勝利したわけだが、割を食う連中が続出した。最初の犠牲者はメッカの太守フセインである。この人はオスマン帝国から独立してアラブの王様になるはずだったが、イブン・サウードというリヤドの豪族が勢力を増し、アラビア半島を統一してサウジアラビアを建国してしまったため、メッカを追われ、イギリスに泣きついた。イギリスは彼の二人の息子、アブダラとファイサルを、それぞれヨルダンとイラクの国王に据えて独立させた。国境はチャーチルが適当に線引きしたといわれる。

チャーチルは、ヨルダンをつくったのは自分であると、生涯自慢にしていました。チャーチルとアブダラとはエルサレムで昼食をともにしたあと、地図の上にペンで線を引き、国境線を決めたそうです。食卓ででき上がった国は、史上珍しいでしょう。

『血と砂と祈り　中東の現代史』（村松剛　中公文庫）

このエピソードだけでも、これらの国家に何らの正統性もないことがわかる。

次にフランスは、オスマン帝国の解体で広大な領土を分捕る予定だったが、想定外のケマル将軍の奮闘により、もらえる領土がシリアだけになってしまった。

ユダヤ人だけが、密約に従ってイスラエルを建国できたが、建国と同時にアラブ諸国に攻め込まれて滅亡の危機に直面した。なぜイギリスはイスラエルを支援しなかったのかというと、

イギリスは、スエズ運河や近東の石油の利権を守る必要上、アラブがわを支持し、イスラエルには敵意をもってたいしていた。

『ユダヤ人』（村松剛　中公新書）

ということで、三者ともにイギリスに裏切られた格好となったのであった。

アラブがイスラエルに勝てない理由

イスラエルは辛くもアラブ連合軍を打ち負かし、それ以降の数次にわたる中東戦争は連戦連勝であった。

その理由のひとつは、イスラエルが文字通り必死であったことだろう。初代大統領ベングリオンが、「アラブは何回負けてもいいが、イスラエルは一度でも負けると国が消滅してしまう」と言ったそうだが、その状況は日露戦争当時の日本よりも厳しかったかもしれない。

イスラエルが強かった理由はアラブ軍の不備にもあったといわれる。

アラブ諸国の国家元首は軍人出身者が多い。エジプトの歴代大統領ナセル、サダト、ムバラク、シーシは、すべて軍人である。シリアのアサドも、イラクのサダムも、リビアのカダフィも軍人だった。クーデターで政権を掌握した、あまり正統性のない連中ばかりである。

正統性がない権力者は独裁者となる。そして独裁者がもっとも怖れるのは、同じ軍人によるクーデターである。優秀な人材を軍の司令官にすると、そいつがクーデターを起こす可能性がある。かくしてアラブ軍の歴代司令官には無能な人物が据えられるという、困った事態になるのである。無能な司令官を持つ軍隊が勝てるわけがない。

それが主たる原因かどうかはともかく、数次にわたる中東戦争で敗戦を重ねたアラブ諸国は、決定的にプライドを傷つけられてしまう。そしてそのトラウマが、イスラム原理主義の台頭を招いたという指摘がある。イスラエルに勝てないのは信仰が足りないからだと、一部の人びとは考えたわけだ。

このようなアラブ諸国の、イスラエルおよび、それを支持する欧米に対する屈折した思いは、私たちの想像を遙かに超えるものだろう。そしてその敗北感が強ければ強いほど、欧米先進国と台頭に渡り合う日本に対する憧憬が強くなるのである。

十字軍の現実

イスラムと西洋は、両者の相克の中で歴史を作ってきたと言っても過言ではない。

たとえば十字軍は、一般的なイメージではヨーロッパの白馬の騎士たちが、野蛮なアラブに攻め込んだというものだろう。しかし現実の千年前の世界では、むしろサラセン帝国が世界の中心にあった。首都バグダッドには大学や天文台が設立される学芸隆盛の時代だったし、ギリシャ・

ローマの文献がアラビア語に翻訳されたのもこの時代であった。

こうして古代世界の文物はみごとに復興し、バグダッドは世界文化の中心となり、当時なお中世の分裂に苦しみつつあったヨーロッパにたいして一道の光明と希望を与えた。以後のヨーロッパがしだいに中世的停滞を脱して近世への道を進むようになるについては、イスラム文化が強い影響を与えたことを見のがしてはならない。

『アジア史概説』（宮崎市定　中公文庫）

一方の十字軍は、その大半は、ならず者や犯罪者で占められていた。北方の粗暴な荒くれどもが絢爛豪華なイスラム世界に乱入した、というのが実態に近いようだ。

たとえば当時のヨーロッパの後進性を示す、こんなエピソードがある。

（イスラムと比較してヨーロッパが）特に対照的に粗末なのは医薬制度であった。アル＝ムナイティラにいた一フランク人家族の二人は、はじめ土地（現在のレバノン）のキリスト教徒の医者から適切な処置を受けていたが、やがてヨーロッパ人の医者が呼びよせられた。ところがこの医者は、患者の一人の痛んでいる脚を木の台にのせて、ある専門家に命じて斧で一振りに切断させ、ついでにもう一人の婦人の患者の頭を剃って十字形に深く切開して――悪魔を追い出すために――その傷口を塩でこすった。患者は二人ともその場で息を引きとってしまった。

当時のヨーロッパでは、医者と祈禱師の区別がついていなかったようだ。イスラムと西洋の関係は、言ってみれば「出藍の誉れ」に近いものだろう。師匠である地中海イスラム社会が弟子である西洋キリスト教社会に追い抜かれてしまった。近世以降、優越していたイスラムは停滞し、いつの間にか西洋に凌駕されて植民地に成り下がってしまった。彼らの無念は、想像に難くない。

このようなイスラムとの関わりにおいて西洋を俯瞰することで、イスラムを知ることができるだろう。

『シリア　東西文明の十字路』（P・Kヒッティ　中公文庫）

ルネサンス

スペインのプラド美術館は怖ろしくでかい。一日ではとても見て回れないほどの広さだ。展示されている絵画の三分の一くらいは宗教画で、残りのかなりの割合が当時の王侯貴族たちの肖像画である。金持ちが大金を払って画家に自画像を描かせる。当時の画家は現在の写真家のようなものだったのだ。

宗教画を鑑賞するときは、前もって聖書を読んでおくといい。その上で見て回ると人気のあるモチーフというのが決まっていることがわかる。

おなじみの「受胎告知」（処女マリアに大天使ガブリエルがキリストを宿すことを伝える場面）は一番人気である。二番人気は「聖家族」。幼少時代のイエスと聖母マリアとオヤジさんのヨセフの幸せそうな団らん風景である。「失楽園」もかなり人気の高いモチーフだ。アダムとイブが素っ裸で並んでいる。中央の「リンゴの木」には人間の顔を持ったヘビが、こちらを覗いている。

しかし興味深いのは、いずれも登場人物が金髪碧眼の西洋人として描かれていることだ。「サロメ」をモチーフにした絵画には、まるで西洋の舞踏会のような貴族が居並ぶ中に、「バプテズマのヨハネ」の首を差し出す金髪のサロメが描かれている。テーブルの豪奢な料理の中にはエビやカキが見える。はて。ユダヤ人はウロコのない魚介類は食べなかったのではないか？　はるか彼方の中東地域の、しかも千年以上も前のアラブ人やユダヤ人が、どんな人々で、どんな格好をしていたのかなど、当時のヨーロッパ人には想像もできなかったのかもしれない。

それはそうとプラド美術館の隅っこに「５１ｃ号室」という展示室がある。ほとんど人目につかないくらいに地味なその展示室には、十二世紀頃のフレスコ画が展示してあるのだが、それは中世ヨーロッパの後進性を顕著に物語るものだった。その稚拙さは、ほとんどラスコーの壁画と同じくらいのレベルであり、我々がシリアの博物館で見た、四千年前のウガリト遺跡で発掘された、子供が描いたような人物画となんら変わらないレベルなのであった。

たとえばカイロのアズハル大学の華麗なミナレットは、ちょうど同じ時代のアイユーブ朝の頃に建設されたと思うのだが、この「月とすっぽん」ほどの違いが、世に言う「暗黒の中世」そのものだったのではないだろうか。イスラムが空前の発展を遂げている間、同時代のヨーロッパは、まさにギリシア・ローマ時代以前の段階のまま眠っていたのだった。そして十字軍を契機として起こった「ルネサンス」という文芸復興の運動が、いかに西洋を劇的に変貌させたか。それをこの稚拙すぎるフレスコ画は物語っているのである。

レオナルド・ダ・ビンチ

ルネサンスといえば、レオナルド・ダ・ビンチである。この人は画家、彫刻家などの芸術家として、また科学者として、医学、建築学、多彩な発明など、その史上稀に見る万能な才能が、特に喧伝される人物なのは周知の通りである。

しかし専門家でもない私が一種の偏見の上に立って疑問を投げかけさせてもらえるのならば、そういう万能の天才は、彼に限ったことではないのではないか。むしろ当時のインテリというの

は、あらゆる分野に精通していたのが普通だったのではないのかという気さえするのである。例を挙げてみれば、

イブン・シーナー～哲学、医学者
イブン・ルシュド～哲学、医学者
イブン・ハズム～詩人、神学者、法学者、哲学者、歴史家
オマル・ハイヤーム～詩人、天文学、数学、医学者

彼らは全員、ダビンチよりも二百年～五百年も前の人たちだ。彼らはアリストテレスなどのギリシア哲学を研究し、後生の西洋哲学に多大な影響を与えた人々でもある。

日本にだっている。平賀源内は、本草学者（薬剤師）で医者で、劇作家で、発明家で、画家だった。「土用のウナギ」を宣伝したコピーライターでもある。まさにマルチな才能を発揮した天才だった。しかし平賀源内が世界で著名かというと、おそらく誰も知らないだろう。

つまりこういうことではないか。

万能の天才ぶりを発揮したのは、なにもダビンチに限ったことではない。少なくとも、同じくらいすごい人が、実は歴史上たくさんいたのではないかと。しかし私たちが学ぶ歴史が、そのことについて言及しているのは、数行程度に過ぎない。

ダビンチという人が、どれほどの天才だったか。上記にあげたイスラムの天才たちとの比較論なんていうのは当然ナンセンスである。しかし確かに言えそうなことは、「同時代の万能の天才はダビンチだけではない」ということであり、唯一彼だけが、とかく偉人としてもてはやされる理由は、ただひとつ、彼が西洋人であったからに他ならないのではないだろうか。

「味盲」な人たち

「冷凍グリンピースの袋を逆さまにして、がさがさと中身を皿に出す。目分量で4人分。水大さじ2杯を振りかけ電子レンジへ。献立は鶏肉のソテー、チーズをからめたパスタ、付け合わせのグリンピース。飲み物は自家製レモネード。「アメリカの家庭としては手の込んだ料理よ」夫を手伝いながら妻のシェリルさんが教えてくれた。

読売新聞に掲載された、アメリカの平均的家庭の夕食の描写である。前記メニューのどれひとつとして、食欲をそそるものがないのには驚かされる。

そこで「味盲」である。「味盲」というのは、「フェニルチオカーバマイト」という苦味成分を感知できない、先天的な一種の「障害」である。

日本人ではおよそ一割が「味盲」といわれる。そしてその率は西洋人になると高くなり、男性の三〇％、女性の二五％にも達するといわれる。中でもゲキレツに多いとされるのがアングロサクソン系で、一説には六割とか八割とかいわれる。

イギリス人にとって食事とは、栄養を補給するためのもので、それ以上の意味はないという文章を読んだことがある。「イギリスのメシがまずい」というのは定説だが、おそらく「味盲率」がきわめて高いことが、大きく関係しているのに違いない。そして上記のアメリカ人の食事の「貧しさ」を見ても、その「味盲」ぶりがよくわかるというものだ。

前にも触れたドイツ人学者マックス・ウエーバーの名著『プロテスタンティズムの倫理と資本主義の精神』（略して『プロ倫』）。プロテスタントの禁欲精神が、意外にも資本主義に適合して、イギリスやオランダ、アメリカなどの先進国の経済発展に貢献したという、一見して逆説的な理論である。禁欲的であるが故に、儲けた金は浪費されることなく次なる投資に充てられる。こうして北ヨーロッパの先進工業国家が成立したというのだ。

しかし同じイギリス、オランダ、ドイツ、アメリカなどで、料理が発達しなかったのは、偶然ではないだろう。彼らが享楽的にならなかったのは、「プロテスタンティズム」という形而上的な理由の他にも、「メシをうまいと感じない」という、実はきわめて形而下的な理由にもよるのではないかと私は考えるのだが、果たしてどういうものだろうか。

「予定説」と西洋人の傲慢

この『プロ倫』はマックス・ウエーバーによる「西洋人賛美」の、かなり独善的な本である。「西洋人が、なぜいち早く産業革命を成し遂げたのか」をプロテスタント、特にカルビンの「予定説」から論考している。この理屈が、西洋人一般が持っている、一見して不遜とも取れる態度を、実によく説明できることに気づいて目からウロコが落ちたのである。

まず「予定説」というのは、どんなものか。

カルビンによると、人間は生まれながらに「救われる人」と「救われない人」に、すでに選別されているという。現世でどんなに善行を行なおうが、徳を積もうが関係ない。「最後の審判」の後に天国、あるいは地獄に行くことは、生まれながらに決まっていて、それは絶対に変えることはできないのだ。そこで多くの人はどう考えるのかというと、

「自分は絶対に天国に行くはずだ！」

と思いこむわけだ。

「どうせオレは地獄行きだからさ」

などと落ち込む人は、普通いない。

ここが彼らの思考の基本である。

自分は将来、天国に行く善人である。だから現世でも悪いことをするはずがない。天国に行くような人間は、現世でも世の中のためになることを行なうものだ。

自分たちは「救われた人間」である。だから自分は常に正しい。間違っているとしたら相手のほうだ。なぜなら自分は「天国行き」が約束されている人間だからである。

ここに、例えばアメリカで、なぜボランティアや慈善活動が盛んなのかという理由の一端が理解できるだろう。将来、天国に行くはずの自分が現世で良い行ないをするのは当然のことなのである。

また一方で、西洋人一般に見られる押しの強さ、日本人にとっては不遜と思える、相手を見下したような堂々とした態度の源泉には、このような「予定説」による確固たる自信が背景にあるのではないだろうか。

人間の差違を肯定する

西洋人と日本人のメンタリティで最も異なる部分というのは、「人間の能力の差違を肯定するかどうか」という一点に尽きるのではないだろうか。一般に西洋人は、人間の能力には生まれながらに差があると考える。だから有能な人物をリーダーに定めて、能力がない連中はそいつについていくのが当然だと考える。

ハリウッド映画を見ていると、「誰がリーダーか」を決める場面がしばしば見られる。アメリカの大統領に絶大な権限があり、国民のヒーローのように振る舞うのもそういう理由なんだろう。西洋では「個性を伸ばす教育」が尊ばれるという。しかしそれは、誤解を怖れずに言えば、勉強のできる子とできない子を早いうちから峻別し、優秀な子は高等教育を、凡庸な子は、さっさと職業訓練校に入れようということではないか。

『豊かさとは何か』（暉峻淑子　岩波新書）に、西ドイツの学校に子供を入れた母親の談話で、こんな一節がある。

ペーパーテストの点がいいのに、通信簿で3の評価しかもらえなかったので、教師にその理由をきいたところ、「あなたのお子さんには、自分の意見がないから」と言われたという。

これを読んだ多くの人が疑問に思うだろう。

この子は決して意見がないのではなく、慣れない外国の学校で気後れして、自分の意見が言い出せないだけなのではないかと。

それをなぜ、このドイツ人教師はわかってあげないのだろうか。

この著書ではドイツの教育制度の優秀さ、教員の質の高さを褒め称えているが、奥手の子供の話をじっくり聞いてあげられないような教師が、なぜ優秀なんだろうかと、疑問を感じずにはいられない。

日本では、人間の個体差をさほど認めようとしない。日本人は人種や国籍に関わりなく、誰でも等しく同じような能力があるはずだと考える。だから日本人は海外に行っても最もマナーがいい旅行者として賞賛される。

東南アジアの人々にも敬意を払う。なぜなら人間に能力差はないと、無意識のうちに考えているからである。

『タテ社会の人間関係』（中根千枝　講談社現代新書）は、日本社会には欧米の能力主義の代わりに

「能力平等主義」があると指摘する。

伝統的に日本人は「働き者」とか「なまけ者」というように、個人の努力差には注目するが、「誰でもやればできるんだ」という能力平等主義が非常に根強く存在している

（中略）日本人は、たとえ、貧乏でも、成功しない者でも、教育のない者でも（同等の能力をもっているということを前提としているから）、そうでない者と同等に扱われる権利があると信じこんでいる。そういう悪い状態にある者は、たまたま運が悪くて、恵まれなかったので、そうあるのであって、決して、自分の能力がないゆえではないと自他ともに認めなければならないことになっている。

こうした考え方の根底には素朴な人間平等主義があり、「日本人の好む民主主義とは、この人間平等主義に根ざしている」という。

日本の教育は横並びで画一的だと言われる。それは誰もが等しく教育を受けることで、誰もが成績が伸びる可能性があると信じられているからだ。そう考えると日本の教育制度のほうが、少なくともその理念において、よっぽど理想主義的であることがわかる。

一方で「気合が足りない」とかいう精神論が盛んに言われる。個人の能力差を認めないから、

できないのは「気合いが足りない」からだということになる。

日本は努力至上主義である。不眠不休で努力する人が、要領よくさっさと終わらせる人よりも尊ばれる。才能よりも努力が尊ばれるのは、要するに才能の個人差を認めないからである。

このように考えてみると、欧州と日本では人間の能力差に対する感覚が、まったく異なることがわかる。

西洋の「断絶論理」

『食肉の思想』（鯖田豊之　中公新書）は、西洋人の思考を、食肉の文化から鋭く分析する一冊である。

欧州は放牧に非常に適した土地だったので、西洋人は昔から家畜を飼って暮らしていた。家畜を身近に暮らしていると動物と人間との峻別が必要になってくる。彼らは人間と動物の立場を厳しく別け隔てた。そして人間をあらゆるものの上位におくことで、西洋の「人間中心主義」が形成されていったという。

そしてこれを思想的に強力に支持したのがキリスト教であった。

「神は人間の食料として動物をお与えくださった」

という思想は、西洋人の人間中心主義を正当化したわけだ。そしてこの動物と人間の間の「断絶論理」は、農民と市民の断絶、王侯貴族と市民の断絶へと広がっていき、異教徒や非西洋との断絶、植民地との断絶に発展し、広がっていく。

何世紀にもわたる欧米諸国の植民地支配の歴史は、殺されていった多くの非ヨーロッパ人の血にいろどられている。もちろん、現在では、たいていの植民地が独立し、こうしたことは過去の悪夢になりつつある。けれども、精神構造だけを問題にすれば、事情はそう変わっていない。ヨーロッパ人は世界のどこへ行っても自分たちの言語や生活習慣でおしとおそうとする。現地の方で彼らにあわすのがあたりまえだと思っている。ヨーロッパ人と非ヨーロッパ人のあいだには、一線がひかれたままである。

このような「断絶論理」は、具体的には次のような体験でも傍証されるだろう。『アーロン収容所』(会田雄次　中公新書)は、当時京大助手だった著者がミャンマー戦線に従軍してイギリス軍の捕虜となり、現地収容所に数年滞在した時の記録である。著者は雑用係として働かされた。

「私たちが英軍兵舎に入るときは、たとえ便所であろうとノックの必要はない。私たちは英軍兵舎の掃除にノックの必要なしといわれたときはどういうことかわからず、日本兵はそこまで信用されているのかとうぬぼれた。ところがそうではないのだ。ノックされるととんでもない恰好をしているときなど身支度をしてから答えねばならない。捕虜やビルマ人にそんなことをする必要はないからだ。イギリス人は大小の用便中でも私たちが掃除しに入っても平気であった。

このようなイギリス人が、太平洋戦争開始直後に、最新鋭の戦艦を二隻も、日本の急降下爆撃機によって「秒殺」で撃沈され、虎の子のシンガポールまで陥落せしめられたのだから、その悔しさは想像するに余りある。

西洋人の「ドレスコード」

カイロの考古学博物館は、エジプトを訪れる、ほとんどすべての観光客が足を運ぶ観光地である。そこでは世界中の人々が観察できるわけだが、これらの人々の「ドレスコード」を観察すると、興味深い実態が見えてくる。

言うまでもなくイスラムでは肌の露出は禁忌されるわけだが、これを厳しく遵守している順に以下のようになる。

アラブ人→日本人→日本以外の東洋人→ヨーロッパ系西洋人→アメリカ人

日本人女性は、かなり穏当な服装の人が多い。ガイドブックに神経質なほど、服装についての留意が促されているせいもあるのだろうが、それよりも「現地の慣習を尊重しよう」という気持ちが強い気がする。これより若干、服装がラフになるのは、シンガポールや韓国のツアー客。若い女性を中心に、かなりラフである。しかしそれでもまだ肌の露出は、以下の人々に比べるとかわいいもんである。

ヨーロッパ系の人々になると、その開放感は段違いだ。若い女性の間で、短いショートパンツにキャミソールという人が増える。おそらくビーチリゾートも兼ねて来ているのだろうから、そのノリで博物館にもやって来るんだろう。しかしこの人たちの場合には、年配女性の服装がわりと落ち着いているので、まだ「救い」がある気がする。

もっとも露出がハゲシイのがアメリカ人である。この人たちになると完全に地元の習慣無視。しかも若い女性よりも年配のほうが、露出がハデになる。同伴する配偶者の男たちも、これに劣らず露出が激しい。彼らは背が高く足が長いので、これに比例して露出部分も広大になる。博物館の庭先で、上半身裸で日光浴している男もいた。こういう人たちを、地元のオジサンたちは「憐憫」に近い表情で眺めているのであった。

彼らにとって、この国がイスラム教国であることなんて、まったく顧慮に値しないことなのかもしれない。そして、まさにその「傲慢」こそが、アメリカに対する潜在的な脅威の拡大に、間接的に荷担しているのだということに、彼ら自身が思い至らないことが、私には不思議で仕方がない。

なぜ年配アメリカ人は、これほど露出が激しいのか。『アメリカ人　その分化と人間形成』(加藤秀俊　講談社現代新書)によれば、アメリカでは一世よりも二世が、二世よりも

エジプト、シナイ半島のダハブは紅海に面したリゾート地で、西洋人観光客が多く訪れる。

三世のほうが、より「アメリカ人らしい」と考えるそうだ。つまりアメリカ人は、若ければ若いほうがエライ。逆に年寄りには、ほとんど価値がない。よって人びとは競って若作りをするのだという。

「若さ」「あたらしさ」への価値づけの例は、アメリカの風俗のなかに、いくつもみつけることができる。たとえば老人の若づくり。服装だの動作だのの面で、アメリカの中年以上の男女は、日本の基準からみると気ちがい沙汰としかみえないような、若々しいふうをしている。肉体年齢は高くても、精神年齢は、若い。すくなくとも若くありたいとアメリカ人は願っている。アメリカでは老成に価値がない。つねに「若い」ことが価値なのである。

アレキサンダー

オリバー・ストーン監督の歴史大作「アレキサンダー」を観ていると、この英雄が、西洋人にとって特別な存在なのだというのがわかる。なにしろ当時の世界帝国であったペルシャ帝国を滅ぼした偉人なのである。

アレキサンダーはさらにインドに遠征する。そこにはサルのような毛むくじゃらの土人やら、ゾウを操る未開部族が登場する。まるでペルシャから先には、文明は存在しなかったかのような描き方である。なぜアレキサンダーはそんなところまで遠征したのかとえば、師匠のアリストテレスに教えられた、「世界の果てを辿れば、エジプトに帰り着くハズだ」という教えによるのだと映画では説明されている。

しかし私が聞いた話は違う。当時の世界地図に「TO地図」というのがあった。この地図の「T」を時計回りに九十度回転させると、左上が西洋、左下がアフリカ、右側がアジアとなる。そしてアジアの最果てには「パラダイス」と書かれている。アレキサンダーが追い求めたのは、おそらくこの「パラダイス」ではないだろうか。

しかしそのことには、この映画ではまったく触れていない。逆に登場するのは、上述の通りの野蛮きわまりない未開部族である。

実際には、彼の大遠征の百五十年も前に、お釈迦様が仏教を開基しているし、大叙事詩「マハーバラータ」「ラーマーヤナ」の原形が早くも誕生している。

紀元一世紀頃のインド南部には「チョーラ王国」という国があったが（九世紀頃のチョーラ朝とは別）、当時の文献には、おおよそ次のような記述があるという。

輝く腕輪をはめた宮廷の女性が、金のカップを持ってヤヴァナのもたらした甘い葡萄酒をうっとりとして飲むという。また、ヤヴァナの男たちは、その鋭い目付き、頑強な身体と所持する立派な刀により、王宮の護衛として雇われていたという。

『カレー学入門』（辛島昇・辛島貴子　河出文庫）

「ヤヴァナ」というのは何者かというと、実はギリシャ・ローマ人のことなのである。アレキサンダーによって東西交易が活性化され、ギリシャ、ローマの商人たちがインド南端までやって来て交易していた。その一部は、時の王様の警護まで任されていたのである。

このような絢爛たる文明があったインドを、この映画ではゾウに乗った土人としか描かない。同じようにバビロンの都や、その他の駐留地で催される、美女による妖艶な踊りや、ハーレムの乱交や、明らかにガンジャでラリッているアレキサンダーや、知性が感じられない部族長の娘や、猥雑な街並みや、そういう不徳な部分は、すべて東洋に帰してしまい、一方でギリシア人は、あくまで理知的で清潔な人々として描かれる。

このような史観を、サイードは「オリエンタリズム」と名付けた。

オリエンタリズム

「オリエンタリズム」は、エドワード・W・サイードというパレスチナ出身の学者が提唱した思想である。サイードは米国コロンビア大学で比較文学を教えていた学者である。

「オリエンタリズム」を簡単に言えば、

「西洋人が造り出した、『西洋』と対立する『異質なもの』としての東洋」

となるだろうか。西洋人にとっての「東洋」とは、自分たちとはまったく異なる、常に敵対する存在であり、優れた西洋の学術思想によって解明されるべき研究対象だった。そこには、

西洋→合理的、平和的、自由主義的、論理的、学術的
東洋→後進的、受動的、野蛮、淫靡、不可思議、非論理的

などの偏見が常に色濃くあった。つまり自分たちの好ましくない性質をすべて東洋に転嫁することで、自らの正当性を常に確認するために作り出されたのが「オリエンタズム」であり、「オ

リエントを支配し再構成し威圧するための西洋の様式なのである」とサイードは言う。

こうした現代のオリエンタリズム的姿勢は、報道や大衆の心の中に氾濫している。例えばアラブは、駱駝にまたがり、テロを好み、鉤鼻をもち、万事金銭次第の好色漢であり、彼らの分不相応の富は、真実の文明に対する公然たる侮辱であると考えられている。このような見方に絶えずつきまとっているのは、西洋人消費者が、数のうえでは少数であるにもかかわらず、世界の資源の大半を所有するか、または消費する（またはその両方の）権利を持っているという前提である。その理由は何か。東洋人とは異なって、西洋人は真の人間だからである。

『オリエンタリズム 上』（エドワード・W・サイード 板垣雄三・杉田英明監修 今沢紀子訳 平凡社）

サイードは十八世紀から二十世紀の西洋文学を、この「オリエンタリズム」という視点から読解したが、それは現在でもテレビ、映画などで繰り返し生産され、私たちを洗脳し続けている。わかりやすい例でいえば、テレビアニメで有名な「トム・ソーヤの冒険」。この作品の中に「インジャン・ジョー」というインディアンの大男が出てくる。粗野粗暴で大酒飲みで不信心者である。冷酷残忍な殺人鬼で、最後にはトムを殺そうとする。

彼はなぜインディアンなのか。そう考えたときに「オリエンタリズム」が理解できるだろう。もっと身近な例を出してみよう。数年前に中央線の電車内テレビでよく見かけた広告に、ベストセラーの「ダーリンは外国人」があった。電車の中で男性が老人に席を譲る姿を見て、旦那のトニーさんが涙を流しながら叫ぶ。

「日本人男性も紳士的だなあ!!」

もちろんこの広告の内容に異存があるはずもない。子供ができたトニーさん夫妻が、「みんなも席を譲りましょうね」という、しごくまっとうな内容である。

しかしここで、最初のトニーさんの発言をもう一度思い出してもらいたい。

「日本人男性も紳士的だなあ!!」←「も」に注目である。

つまりこういうことである。

「イタリア人男性(=広く一般に西洋人男性)は紳士的である。それと同じくらい日本人男性も紳士的である」

つまり彼の中では、「西洋人男性が紳士的である」ことは自明のことで、すでに大前提として存在するわけだ。

しかしイタリアにだって席を譲らない不親切な男はいるだろう。いや、いるに違いない。日本と同じくらいに。しかしトニーさんは、そうは思っていないらしい。彼の中では無意識のうちに、

西洋人男性=紳士的

日本人男性=非紳士的

という公式が成り立っているのである。

もちろん私は彼が差別主義者だとか、そういうことを言いたいわけではないのである。日本人の妻をもち、日本に住むほど日本を愛しているトニーさんでさえ「オリエンタリズム」の桎梏から抜け出せないでいることに、非常に残念な気持ちになったというだけの話である。

こうした無意識の態度は当然ながら彼に限ったことではない。

『イギリス人はおかしい』（高尾慶子　文春文庫刊）は、映画監督のリドリー・スコット氏のハウスキーパーとして働いた著者が、労働者階級から見たイギリスの姿を描く快作であるが、この中にこんな一説がある。著者が飼い猫を亡くしてしまい、ペットの葬儀場に出向くと、受付の女性がこういうのだ。

日本人は動物にとても残酷な国民と聞いていますが、あなたのように動物を愛する人もいるのですね。

いったい、いつから日本人は動物に残酷な国民になったんだろうか⁉

カトリックとプロテスタント

「アルマダの海戦」というのは、十六世紀の終わりに、イギリスとスペインの間で行なわれた海戦だ。

この戦争で大西洋におけるイギリスとスペインの制海権が逆転して、その後のイギリスの覇権が確立されたという歴史的意義があるといわれる。スペインはこの艦隊を組織するために、アンダルシアの森林を切りまくり、おかげでスペインの国土の大部分は、はげ山になったのだそうだが、それはともかく、この戦争の背景には、イギリスの海賊行為が関係しているといわれる。

当時のイギリスはスペインの輸送船を頻繁に襲い、物資を略奪していた。新大陸において後発組のイギリスは、先進国のスペインから輸送品をかすめ取ることくらいしかできなかったのである。このような海賊行為に業を煮やしたスペインがイギリスに対して開戦したというのだ。

この戦争について私たちは、新興国イギリスが衰亡しかけた大国スペインを颯爽と打ち破るようなイメージが、なんとなくあるわけである。原住民をこき使って新大陸であくどい商売をするスペインの野望を、正義のイギリスが打ち砕くというような印象である。

しかしどうもそうではないようだ。海賊行為という無法を働いていたのはイギリスであって、その意味でスペインは被害者なのである。

映画「パイレーツ・オブ・カリビアン」なんかに出てくる海賊どもは、だいたいイギリス人である。そして襲われるのはスペインの輸送船なのである。

『略奪の海　カリブ』（増田義郎　岩波新書）には、このようなプロテスタント国のカトリック国に対するネガティブキャンペーンについて、いろいろと面白いことが書いてある。

フランシス・ドレイクという人は、マゼランに次いで二番目に世界周航をしたイギリス人である。彼はイギリス政府公認の海賊であった。

当時、大国スペインの力の源泉は新大陸にあり、従って、イギリス、フランスなどの新興国は、なんとかこの利権に食い込もうと必死であった。その方策のひとつが、スペインの貨物船に対する海賊行為であった。

ドレイクは、世界周航しながら、行く先々でスペインの船を攻撃し、積み荷を略奪して回った。その結果、イギリスに帰国した時の彼の鹵獲品は莫大なものになっていた。

ドレイクのもたらした富は、六〇〇万ポンドという莫大な金額にのぼった。エリザベス女王は、四七〇〇パーセントの配当金を得たという。ゴールデン・ハイント号のもたらした富について、経済学者ジョン・メイナード・ケインズは「貨幣について」という論文の中でつぎのように言っている。

「ほんとうのところ、ドレイクがゴールデン・ハイント号に乗せて持ち帰った略奪品が、イギリスの海外投資の源泉となり基礎となったと考えてよい。エリザベス女王は、その配当金で外債を全部精算し、おまけに残金の一部をレヴァント会社に投資した」

この莫大な利益が、後のイギリスの大発展を支える東インド会社設立につながったというのだ。もちろんこういう外聞のよくない歴史的事実はイギリスも隠したいだろう。だから我々の歴史教科書にも載ってない。

私たちの歴史観の多くは西洋人の受け売りなわけだが、その中でもプロテスタントの国に大変都合よくできていることがわかる。

彼らにとってはカトリックでさえも異質な宗教のようで、例えば「ダビンチ・コード」という映画では、キリスト像の前で、自らの身体をムチ打つカトリック修道士の姿が不気味に描かれていた。ウンベルト・エーコの小説を映画化した「薔薇の名前」でも、ショーン・コネリーが演じるところの修道士はイギリス人である。彼は知的で理性的、論理的な人物として描かれ、一方のイタリアの修道院と枢機卿、異端審問官は中世的、宗教的、権威主義的である。簡単に言えば、

プロテスタント＝進歩的・清廉・善玉

カトリック＝後進的・因習的・悪玉の構図である。こういう描き方は、多くのハリウッド映画で散見できる。「パッション」とか「ミッション」もそうだった。カトリックとプロテスタントとの確執、というよりも勝者であるプロテスタントによる敗者カトリックへの一方的な偏見というのは、私たちが想像している以上に根深いのかもしれない。

考えてみればアメリカの歴代大統領でプロテスタントでなかったのは、カトリック信者だったケネディだけだそうだ。そのケネディも暗殺されてしまった。

インディアス破壊についての簡潔な報告

『インディアス破壊についての簡潔な報告』（ラス・カサス　染田秀藤）は、一五四二年にスペイン人宣教師によって書かれた、新大陸でのスペイン人の悪逆非道を指弾した報告書で有名である。この本を読むと、五百年前のスペイン人は、新大陸の先住民を虫けらとしか思ってなかったことがよくわかる。その苛烈さは、たとえばこんな感じである。

スペイン人たちはインディオたちを殺し、八つ裂きにするために獰猛で凶暴な犬を仕込み、飼いならしていた。真のキリスト教徒である人びと、また、そうでない人も、彼らがその餌として大勢のインディオを鎖に繫いで道中連れて歩いたという事実を知っていただきたい。おそらくそのような行為をこれまで耳にしたことはないであろう。インディオたちはまるで豚の群れと変わらなかった。スペイン人たちはインディオたちを殺し、その肉を公然と売っていた。「申し訳ないが、拙者が別の奴を殺すまで、どれでもいいからその辺の奴の四半分ほどを貸してくれ。犬に食べさせてやりたいのだ」と、まるで豚か羊の肉の四半分貸し借りするように、彼らは話し合っていた。

大量虐殺とスペイン人がもたらした伝染病で、カリブ海の島々はたったの数十年で原住民がほぼ絶滅してしまった。そしてその代わりに連れてこられたのがアフリカの黒人たちだったことは言うまでもない。現在のジャマイカやプエルトリコやハイチやドミニカが黒人ばかりなのは、そういう理由によるのであった。

西洋人のいう「地理上の発見」、最近の日本で流行する「大航海時代」において、西欧はささやかな力でも優位にたてる南北アメリカ大陸やオセアニアなど、ことさらに「弱いところ」

を突いて支配した。組織だった国家を形成しているアジア諸地域にたいしては、「海からの交易者」にとどまった。

しかも、南北アメリカ大陸の場合が顕著だが、様々なネイティヴ・アメリカンたちの社会・文化を押しひしぎ、圧殺し、すりつぶし、殺戮の限りを尽くして、強引に征服していった。じつは、人類史上、最大の征服は、この時期における西欧の南北アメリカ征服ではないか。それは、同時に、人類史上もっとも悪辣で、残虐で、野蛮な征服であった。これは率直・単純な厳然たる事実である。西欧風の人道主義などで覆いきれるものでは、到底ない。欧米人もふくめ、わたくしたちはこの事実を、もっとストレートに見る必要がある。

『遊牧民から見た世界史』（杉山正明　日経ビジネス人文庫）

と、ここまでは有名な話である。

興味深いのは、この報告書がイギリスその他の西洋諸国の手に渡り、その後何世紀にもわたって増刷されたという事実である。今なら何百万部の大ベストセラーという感じだろうか。

なぜそこまで「売れた」のかといえば、それは新大陸でひとり勝ちして大儲けするスペインに対するネガティブキャンペーンに利用されたからであった。とくにカトリックを憎むプロテスタントのイギリスとオランダでガンガン印刷された。

カトリックのスペインは、新大陸でとんでもないことをしている。悪のスペインから純真なインディオたちを救うために、我々プロテスタントは戦わなければならない!

というわけだ。

しかし、それから百年くらいして、黒人をこき使い、奴隷貿易と三角貿易で大儲けしていたのは、他ならぬイギリスやフランス、アメリカであった。奴隷を酷使して人口を激減させるよりも、生かしておいてプランテーションでサトウキビや綿花やタバコを作らせておいたほうが、よっぽど儲かるからである。

そしてその奴隷貿易を先駆的に廃止したことをイギリスは自慢する。

しかしそれは純粋に人道的な理由からではないようだ。産業革命が順調に進行していたイギリスでは、西インドの砂糖やコーヒーの栽培はどうでもよくなったのである。


奴隷廃止運動は、しかし純粋に利益を離れた人道上の問題というわけではない。奴隷制は労働者の購買力を向上させず、結局、自由な人間の労働の方が奴隷労働よりも経済活動に資するところははるかに大きいのである。

(中略)フランス植民地西インドの繁栄はイギリスにとって脅威以外の何者でもなかった。その労働力は黒人奴隷である。一七六四年から一七七一年にかけてハイチには毎年一万人から一万五〇〇〇人の奴隷が送り込まれていた。……フランス植民地の息の根を止めるには奴隷制の廃止が一番である。イギリスは逸早く、奴隷制の非人道性を訴えた。

『コーヒーが廻り世界史が廻る』（臼井隆一郎　中公新書）

同じように経済的要請によって奴隷を解放したのがアメリカであった。

南北戦争は黒人解放のための人道的な戦争だった、などというのは後付けの話である。北部の資本家は、奴隷が解放されることによる経済効果こそが重要だった。つまり黒人に所得を持たせる（＝消費者にする）ことによって南部に市場を開拓したわけだ。

フランダースの犬

二〇〇七年十二月二十五日の読売新聞ONLINEに「フランダースの犬　日本人だけが共感」という記事が載っていた。日本人なら誰もが知っているこの名作が、地元ベルギーではまったく知られておらず、原作のイギリスでも「負け犬の死」と受け止められて、ほとんど評価されていないというのだ。

作者はイギリス人のウイーダという人で、一八七〇年代に書かれた。アメリカでは過去に五回、映画化されているが、いずれもシナリオはハッピーエンドに書き換えられているのだそうだ。記事によると、「悲しい結末の原作が、なぜ日本でのみ共感を集めたのかは、長く謎とされてきた」という。いったいどこの誰が、そんなことを謎としてきたのか、イマイチよくわからないが、ともかくその背景には、日本人特有の「滅びの美学」があるのだそうだ。

しかしそれよりも興味深いのは、イギリス人の原作者が、なぜ、こんな悲しい負け犬の物語を、ベルギーを舞台にして書いたのだろうかという疑問である。

イギリスはイギリス国教会だが、一応プロテスタントの一派である。二〇〇七年、ブレア元首相が国教会からカトリックに改宗したら、それだけで新聞に大きく取り上げられていた。

そしてベルギーもカトリックの国である。そう考えたときに作者の意図が見えてこないだろうか。

つまりイギリス人の原作者は、カトリックを貶めるために、わざわざベルギーというカトリック教国を舞台にしたのではないかと。

ネロのような、いたいけな子供を搾取し、ついには死に追いやる村人は全員、カトリック信者である。ネロは無人の教会で、ルーベンスの絵を見上げながら天に召される。カトリック教会は無力である。そういうメッセージにも受け取れる。

そのように考えると、この作品が地元ベルギーでまったく知られていない理由が、なんとなく見えてくる気がするのである。

サウダージ

ポルトガル人の郷愁を表す言葉に「サウダージ」というのがある。失ってしまった遠い過去や、青春の日々、別れた恋人との想い出。そのようなある種の「感傷」を表す言葉だという。

ポルトガル人にしか理解できないと言われる「サウダージ」は、大航海時代の先駆となって大発展を遂げたあと、後発の国々に追い抜かれ、植民地ブラジルを手放して、イギリス資本の属国のようになり、凋落の一途を辿って現在に至るという、この国の歴史を考えてみれば、外国人の私たちにも、なんとなく想像がつくというものだ。

リスボンの港には、大西洋を指し示すエンリケ航海王子の立派な像がある。中世ヨーロッパの桎梏を打ち破って大海原に船を漕ぎ出し、見事にインド航路を「発見」した（実はそれはインド人やアラブ人が大昔から使っていた航路だが）輝かしい過去の栄光に浸って現在を生きる人々。いまだ活気のあるスペインやトルコよりも、さらに侘びしく、鄙びたリスボンの町並みには、「サウダージ」という言葉はよく似合うのだった。

リスボンで聞きに行った「ファド」は、うらぶれた港町の、場末の酒場の女が、もの悲しく歌う、日本の演歌のようなものだ。照明を落とした薄暗い店内で、切々と歌う女性の声には、深い哀愁が漂っていた。「ファド」は、ポルトガルにおける「サウダージ」の最大の発露なのだろう。

近代以降、ポルトガルはイギリスの経済的な従属下にあった。十八世紀中に、イギリスがポルトガルに毛織物を輸出し、ポルトガルはイギリスにブドウ酒を格安で輸出する貿易体制ができあがった。ポルトガルのイギリスに対する貿易赤字は倍増した。

ポルトガルは毛織物産業に打撃を受けブドウ酒とオリーブ油の供給国になって、しかもその産品の大部分をイギリスに輸出することになった。またイギリスは、ポルトガルの織物の主要供給国になり、しかも貿易収支額は、完全にポルトガルの輸入超過であった。ポルトガルはこの赤字をブラジルから輸入した金とダイヤモンドでうめた。

『略奪の海カリブ』（増田義郎　岩波新書）

ポートワインは、ポルトガルが世界に誇るワインである。発酵途中にブランデーを添加して発酵を止めることで甘みを残したワインだが、このワインの産地は北部の港町ポルトである。ここに並ぶポートワインの蔵元の多くがイギリス資本であった。このワイン樽を利用して、イギリスの銘品スコッチウィスキーが熟成されるわけである。

ポルトガルの洗濯物

スペインとポルトガルは似ているようでずいぶん違う。

スペイン人はポルトガル人を「田舎者」と言って笑うそうだ。スペイン在住の知人が「連休にポルトガルに行ってくる」というと、「なんでそんなとこに行くの?」と言われたそうだ。

実際ポルトガルはスペインと比べるとずいぶん田舎である。首都のリスボンでさえスペインの地方都市のように閑散としている。人が少ない。言い方は悪いが「盛りを過ぎた」という感じで、なんとなく活気がない。だから私は、この国を「寂れた漁村のような国」と表現している。

しかしそこがポルトガルのいいところだ。スペインはマドリッドもバルセロナも人が多くて疲れる。車も多いし、ついでに犬の糞も多い。旅行に「癒し」を求めている人には、私はポルトガルを断然オススメする。

ポルトガルを旅行中に、知人からメールをもらった。彼はかつてこの国を旅行したことがあるのだが、その印象は「洗濯物」なんだそうである。

これは私もよくわかる。ちょっとした路地に入ると、そこにはほとんど例外なく洗濯物がはためいているのだ。スペインではこれほど盛大な洗濯物を目撃したことがない。しかし隣国ポルトガルに来ると、どこの路地にも色とりどりの洗濯物がヒラヒラしている。

お隣同士なのに、この違いはなんだろうかとしばし考えた。

まず気づいたことは、ヨーロッパに来て「屋上」というものがなくなったことだ。

モロッコの家屋は屋上付きが多いので、洗濯物は我々の目につくことは少ない。もともとイスラム教徒はプライベートに神経質な人達だ。

しかしそれならスペインでも、もっと多くの洗濯物を見かけるはずである。なぜポルトガルだけなのかと考えて、ハタと思いついたのは「降水量」の違いであった。地中海沿岸部では、冬が雨期だが、たとえばマドリッドとリスボンの降水量では、ほとんど二倍近い違いがある。ポルトガルのほうが雨が多いのだ。

確かにスペインからポルトガルの国境を越えると途端に緑が多くなる。はげ山の連続のようなアンダルシアの大地に比べ、まるで日本のような深い森林がポルトガルにはたくさん残っている。「雨が多い」ということは「洗濯する日が限られる」ということである。そして晴れの日は、我々旅行者にとっても散歩日和なのである。かくしてポルトガルのおばちゃんが、数日ぶんをまとめて洗濯する日は、自動的に私たちが散歩する日と重なり、路地裏に洗濯物が盛大にはためくのを目にすることになるのではないだろうか。

ポルトガルは気候も食べ物も日本人好みの国である。かつて檀一雄が惚れ込んだ理由がわかるような気がした。

ユダヤ人

「ユダヤ人」というのは「ユダヤ教徒」のことで、特定の人種を指すわけではない。イスラエルの定義では、「母親をユダヤ教徒に持つ人はすべてユダヤ人」ということになっているそうだ。

カサブランカ行きの飛行機で隣り合ったイスラエル人夫婦は、あまり英語が得意でない様子で、「頼むから入国カードを書いてくれ」と泣きついてきた。私は快諾したが、旦那のパスポートを開いて驚愕した。生年月日の欄に「0」が並んでいるのだ。私は目をこすってもう一度よく見た。やはり「0」が並んでいる。つまり旦那のパスポートには、「1956年00月00日生まれ」と記載されているのだ。

これはどういうことか。ユダヤ暦には0月0日という暦が存在するのか？　あるいはアラビア数字の「5」を想定してみた。アラビア文字では「5」を「٥」と表すのだ。しかし生年が「1956」とアルファベットで記載されて、月日がアラビア文字というのは考えにくい。あるいは「閏月」とか、そういう稀な日に生まれた人なんだろうか……。

私は旦那に尋ねてみた。しかし英語のわからない旦那は、少々酒が入って気分がよいこともあるのだろうが、私を振り返って笑顔で言うのだ。

「OK、OK」

結局この謎は解けずに次に進む。職業の欄がある。勝手に捏造するのも悪いので、もう一度旦那に質すことにする。

「旦那、アンタの仕事は?」

「OK、OK」

「OKじゃなくて、仕事だよ。ジョブ!」

「ジョブ?」

旦那は少し考えて笑顔で答えた。

「スチューデント」

五十歳で学生もないだろう。しかし私は「STUDENT」と記載する。旅行の目的地や滞在先は適当に書いて、パスポートと一緒に渡した。

あとで韓国人の友人に聞いた話では、戦争中などの非常時には出生届が出されない場合があり、そういう人は便宜上、一月一日にすることがあるという。なるほどと合点がいった。

一九五六年といえば、エジプトのナセル大統領がスエズ運河の国有化を宣言、第二次中東戦争

エルサレムのオリーブ山でみかけたオスカー・シンドラーの墓。エルサレムを歩いていて気づくのは、世界中のユダヤ人富豪からの莫大な寄付を称える碑だ。

が勃発した年である。旦那のお母さんは動乱の中、彼を産み落とした。出生届なんて出している余裕はなかったに違いない。ほろ酔い加減で笑っている旦那の顔が不意に、かけがえのないもののように見えた瞬間であった。

おそらくこの夫婦の先祖はモロッコ出身で、墓参りにでも行くのだろう。かつてモロッコには数多くのユダヤ人が住んでいた。スペインはレコンキスタによってイスラム教徒を追い落としたあと、ユダヤ教徒をも放逐したからである。

彼らは塩の貿易を一手に引き受けていたので、成功した人が多かったそうだ。モロッコの旧市街では、たいがい王宮近くに「ユダヤ人街」がある。時の為政者と常に親密な関係にあった証拠だ。

しかし現在、ユダヤ人街は「もぬけの殻」になってしまった。多くのユダヤ人は、イスラエルの建国と同時に「祖国」に引っ越してしまったからだ。今でも少数のユダヤ人が残っているが、彼らは例外なく大金持ちだという。成功してしまった彼らが、わざわざ蓄財を捨ててまで「里帰り」する理由なんてないからだろう。

同じようにシリアのダマスカスにも旧ユダヤ人街があるが、ここも空き家だらけだった。世界中のユダヤ人は、文字通り念願の「シオンの丘」に集結したのだ。

このシオニズムは、単に宗教的な熱狂というだけでは理解できないかもしれない。たとえばこんな一文を読むと、彼らが住んでいた頃の苦境の一端が見えるだろう。

ユダヤ人であるために不幸な運命を担わなければならなかったアンヌさんは、ユダヤ人であることが罪でもあるかのような後ろめたさを背負って育った。孤児院でも、もし何か盗まれると、決まってまず疑いがかけられるのはアンヌさんともう一人のユダヤ人生徒であった。親しい友達ができても、ユダヤ人だとわかると彼女の元から去っていった。こんな体験のために、誰かと仲良くなっても、アンヌさんはすぐに「私がユダヤ人だとわかっても、この人は私と仲良くしてくれるのだろうか」と考えてしまう。

『アメリカのユダヤ人』（土井敏邦　岩波新書）

この状況は、日本における在日韓国朝鮮人の人々の置かれている立場と驚くほどよく似ている。文中の「アンヌ」さんを「金」さんに、「ユダヤ人」を「在日」に変えたとしても、そっくりそのまま通用するのではないだろうか。

西洋諸国におけるユダヤ人の立場というものは、われわれ東洋人にはなかなか理解しがたいものがあるわけだが、日本における在日の立場と、同じではないにしても、かなり近い状況であることを想像すれば、彼らの立場が非常に鮮明になってくるのである。

そのような状況を甘受し続けた人々が、シオニズム運動に歓喜したのは、あながち想像に難くない。

私たちが訪ねた中で、もっともイスラエルから遠いシナゴーグ（教会）は、インド南部のコーチンという町にあった。ディアスポラに遭った人々は、シナイ半島から紅海を伝ってアラビア海を渡り、インド南端までたどり着いたのである。別の一派はサハラ砂漠を縦断して、アフリカの奥地に到達したという。

だからイスラエルでは世界中の人種が見られる。人種が混交すると美形が生まれるというが、イスラエルも美人が多い。男性兵士は前線に出ているので、出入国事務所の係官は圧倒的に女性が多いのだが、彼女たちは、ほぼ例外なく美人だった。

サルトルによると、「ユダヤの美女」には、ヨーロッパでは特別の性的意味があり、陵辱と殺戮の臭いが感じられる」という。

「ユダヤの美女、それは、ロシア皇帝麾下のコサック兵が、焔につつまれた村から、髪に手をかけ、引きずり出す女なのである」（『ユダヤ人』安堂信也訳）。

天才と富豪と美女のユダヤ人。

彼らが周囲の人びとに妬まれてきたのも、わからなくもない。

ホロコーストを悲しむのは日本人だけ？

そのユダヤ人について仰天すべきことが書かれた本がある。

私たちは、ユダヤ人のホロコーストに関して、痛ましい事件だと思っている。そして世界中の人々も同じように、「アウシュビッツ」「ガス室」「アンネの日記」というような連想から、ナチスの非道に対して怒りを感じているものだと思っているわけである。

しかし当の西洋人たちは、実はそうでもないらしいのだ。村上兵衛氏の『繁栄日本への疑問』（サイマル出版会）の一節に、以下の記述がある。


ドイツ人が、戦争について、いやナチスについてさえ、なんら反省していない、という観察は、周辺の国々では広くおこなわれている。（中略）プラーグで会ったあるユダヤ系の知識人は「東ドイツの政府首脳だって、ヒトラーは少しだけ間違っていた、くらいに考えているんじゃない

かな」と笑っていた

当のユダヤ人も、こんなことを書いている。

欧州の国民にはナチスによるヨーロッパの六百万のユダヤ人の虐殺がなんの深い印象もあたえなかったことは、疑いをいれぬ事実である。それは本当にかれらの良心をゆすぶるような結果とはならなかった。かれらはそれを冷然と見ていたにすぎない。

『非ユダヤ人的ユダヤ人』(I．ドイッチャー　鈴木一郎訳　岩波新書)

著者は、その理由について、欧州の一般大衆がユダヤ人に対して、金融、金貸し、仲介業などで不当にカネを稼いでいる連中という偏見を持っていることと関連していると指摘する。

私はこの事実と、一般の人々の心の中に根ざしているその想い出が、少なくとも部分的には、欧州一般がユダヤ人の大虐殺を目撃したときの「ざまみやがれ的な気持ち」や冷淡さの原因になっているのだといいたい。

前掲書『非ユダヤ人的ユダヤ人』

多くの西洋人にとっては、もともとユダヤ人は差別の対象であったから、ナチスによる大虐殺も、その延長として捉えていた、つまり「ちょっとやりすぎたけれども、たいして非難されるべきことでもない」というのが、もしかしたら本音だったのかもしれないのである。ユダヤ人のホロコーストに、心から哀悼の気持ちを持っているのは、もしかしたら私たちのような部外者だけなのかもしれない。

意図的に作られる「正義」

そこでよく考えてみると、確かにハリウッド映画などでは、ホロコーストが取り上げられた作品、あるいは、さりげなくユダヤ人が同情的に描かれる作品が多いことに気がつくのである。たとえば「プライベート・ライアン」という映画の冒頭で老人がワシントンのアーリントン墓地を訪れる。ズラリと並んだ十字架の先に、「ダビデの星」が並ぶ一角が映し出される。ユダヤ人も犠牲になったことが暗に描かれているのだ。

あるいは「ワールド・ウォー・Z」というゾンビ映画にもイスラエルが登場し、イスラエル女性兵士が重要な役割を果たす。全体としてアメリカとイスラエルが協力してゾンビ制圧の手がかりをつかむという印象である。

ワーナー、二十世紀フォックス、パラマウント、ユニバーサルと、名だたる映画配給会社の創業者がユダヤ人であったことを考えれば、ホロコーストを想起させる映画が定期的に制作されるのも頷けるのである。

そしてこのような事実を考えるとき、『英語支配への異論―異文化コミュニケーションと言語問題』（津田幸男編）で語られる次のような一説は傾聴に値するだろう。

英語国は軍事力、経済力に加えて強力な宣伝力を持っている。そのことを考えると、英語国を敵に回すことはきわめて危険だということをよく認識すべきである。

（中略）世界の世論に最も強い影響力を持つ勢力は「正義」を作る力を持っているからである。

（伊藤陽一氏）

情報を握っている者が「正義」を作る力を持つ。「正義」というのは自明のものではない。意図的に創作されるものなのだ。確かにアメリカ人は「ヒーロー」に弱いよな、と納得するわけだが、このような宣伝力によって世界の正義が作られていることを、私たちは常に意識するべきだろう。

例えば私たちの歴史認識では、ナチスを倒した英雄は、ノルマンディー上陸作戦を成功させた米英を中心とした連合軍であると考えているけれど、実際は違うのである。

しかし実際には、独ソの争う東部戦線こそが、第二次世界大戦の主戦場だった。ここだけでほかの戦場をすべて合わせた以上の戦闘が繰り広げられ、結果として三〇〇〇万人の命が失われた。ドイツ軍戦力の四分の三が投入され、ドイツ軍戦死者の七〇パーセントが集中したのも、東部戦線なのだ。

『アメリカ後の世界』（ファリード・ザカリア　楡井浩一訳　徳間書店）

つまりナチス打倒の英雄は、客観的に見てスターリンということになる。

しかし我々が勉強する世界史の教科書には、そんなことは一切書かれない。あくまで英雄は米英なのである。

西洋人の三秒ルール

西洋人旅行者と話していると、たいがい「三秒以上待ってくれない」というのが、私の経験である。沈黙は、おそらく彼らにとってはマナー違反であるから、この「三秒ルール」はかなり有効だと思う。

たとえば西洋人が、「ｙｅｓ」「ｎｏ」では答えられないような質問を投げかけてきたとする。

こちらは「Ｂｅｃａｕｓｅ」で始まるセンテンスを考え、適当な単語をアタマの中で並べていく。その間に三秒は余裕で過ぎていき、こちらに注目していた西洋人の視線は次第に散漫になって、そのうちあっちの方向を見るようになる。かくして私が回答を用意する頃には、彼の思考はあらぬ方向に飛んで行ってしまったあとなのである。

そういうことはままあることだが、相手がこちらに「一目置いた」場合、つまり彼が私にそれなりの知性を認め、内容のある言質を用意して答えることがわかってくると、意外と辛抱強く返事を待ってくれるようになるのだ。

たとえばトルコの安宿でドイツ人と話していたときのこと。

「ドイツの旧植民地はナミビアとカメルーンだけだ。アフリカはみんな、どこかの植民地になってたから、我々の取り分はなかったんだ」

そんな彼の言い草に、私は少なからず反発を持ったわけだが、それはともかく、彼はさらに続けた。

「日本はどこに植民地を持ってたんだい？」

少し言い淀んでから私は答えた。

「台湾と韓国と満州」

「ああ、そうか」

「それと南洋の島々。これは第一次大戦でドイツからいただいたものでね」

「ドイツを蹴っ飛ばして追い出したわけだ」

彼は愉快そうに笑った。

「そういえば、パプアニューギニア（の北半分）もドイツ領だったね」

「あ、そうだ。そうだったな」

彼は自分がすっかり失念していた史実を私に指摘され、意外の感に打たれたようだった。こうして彼は、私のことを「なかなかのインテリ」と信じるようになり、以来、私の発言を辛抱強く待ってくれるようになったのである。

思うに西洋人にとって日本人はスルメのようなものではないだろうか。

彼らが初めて口に含むスルメは、堅くてなんだかよくわからない妙な食い物である。それが噛みしめていくうちに、だんだんと味が出てくる。しかしたいがいの西洋人は、その滋味に到達する前に口から吐き出してしまうのだ。

書き込む前に再起動するべし

このような西洋人のせっかちさは、ある意味で現代人の通弊ではないかという気もする。特に昨今のブログ炎上騒ぎなどは、少し冷静になってみれば防げた場合が多いのではないだろうか。

そう思うようになったのは、二〇一三年に江戸東京博物館で開催された特別展「明治のこころ展」が非常に面白かったからである。

本旨には関係ないけれど少し説明すると、この特別展は大森貝塚を発見したことで名高いエドワード・モース教授の蒐集品を展示したものであったが、日本の筆と硯についてのモース氏の考察に、うろ覚えだが以下のような一文があった。

「どんなに怒っている人でも、硯で墨を下ろし、筆を取り上げるときには、冷静になっている」

なるほど習字は、書き始めるまでに時間がかかる。

硯を取り出し、墨を下ろし、和紙を広げ、正座して背筋を正し、書面に向かう。その頃には、すっかり理性が戻ってきてるわけだ。今のネットに罵詈雑言をかき込む連中は、キーボードを打ち込むだけだから、冷静になる時間が足りないのではないだろうか。

だからみなさんも、ムカツク書き込みがあったときは、すかさず再起動ボタンを押すことをオススメする。そして画面が一旦暗くなり、再びインターネットに接続される頃には、抑制的な文章を書ける理性が戻ってきている……ハズである。

日本人特有の謙虚さと清廉さ

日本は世界でも珍しい「鍵のない国」であるという。各部屋に鍵がついているのが世界では普通だが、日本では障子一枚で仕切られただけである。江戸時代の旅籠では、相部屋も普通のことであった。世界的に見ても怖ろしくセキュリティが緩いのが、日本社会の特徴とも言えるだろう。明治時代に日本を旅した女性旅行家イザベラ・バードは、ひどい悪路と蚊と蚤に辟易したことを、たびたび書いているが、それと同時にプライバシーのなさを嘆いている。

私の部屋は障子だけで仕切ってあり、いつも誰かが勝手に指で障子に穴をあけ、そこに眼を当てて覗きこむのである。誰も覗きこまぬときは一日に五分となかった。夜中に障子が一枚倒れたので、見ると、六人の日本人が一列に木枕をして寝ていた。

（『日本奥地紀行』高梨健吉訳　平凡社ライブラリー）

まるでドリフのコントのような一幕であるが、一方でバードは日本人の謙虚さも特筆している。

ヨーロッパの多くの国々や、わがイギリスでも地方によっては、外国の服装をした女性の一人旅は、実際の危害を受けるまではゆかなくとも、無礼や侮辱の仕打ちにあったり、お金をゆすりとられるのであるが、ここでは私は、一度も失礼な目にあったこともなければ、真に過当な料金をとられた例もない。（中略）旅が終わると、心づけを欲しがってうろうろしていたり、仕事をほうり出して酒を飲んだり雑談をしたりすることもなく、彼ら（馬子）は直ちに馬から荷物を下ろし、駅馬係から伝票をもらって、家へ帰るのである。（前掲書）

この記述と、47ページにある、同時代のエジプトでのボッタクリの事例を比較していただきたい。日本人がなんと清々しい人々であるかがわかるというものである。

もちろんそれは、日本独特の「性善説」に由来する、生ぬるい「能力平等主義」の結果であるのかもしれないし、そんな甘いことでは世界的には到底、通用しないのかもしれない。

しかし日本人の謙虚さ、清廉さは、強欲な市場万能主義が当たり前となった現在の世界でも、百年前にバードが感動したように、一服の清涼剤になり得るのではないだろうかと私は思うのである。

二〇二〇年の東京五輪は、私たち日本人が持つ謙虚さと清廉さを世界に示す好機と言えるかもしれない。

あとがき

ドバイの「インド人街」を歩いていると、日本語で呼び止められた。人のよさそうなネパール人青年である。なぜ日本語が話せるのか尋ねてみると、なんと日本政府の奨学金で北海道大学に留学し、卒業したのだという。

外国の奨学金で留学するというのは、並大抵の秀才ではない。日本でも、かのフルブライト留学では、小田実や加藤秀俊、鶴見良行などの著名な学者が輩出されている。彼もネパールでは相当に優秀な学生だったはずである。その逸材であるはずの彼が、ドバイの工事現場で肉体労働をしている。私はその理由を聞いてみた。

「ネパールに帰っても仕事がないもんですから」

彼は恥ずかしそうに笑った。彼のような秀才が帰国しても職がない。その事実に、私は途上国が抱える構造的な問題を見た気がした。

多くの途上国では、既得権益をガッチリ握った富裕層が国を支配している。彼らは大企業の社長であり、代議士であり、大地主であり、地元の警察長官である。政府は彼らの利権を代弁する

「かいらい」でしかない。彼らは外国の資本と癒着し、地元の産業が発展することを阻止している。外国の企業からゴッソリとリベートをもらうかわりに、関税を低く設定し、その結果、安い輸入製品がなだれ込んで、国内産業が育たず、失業と貧困がまん延する。一般市民は、国内では仕事がないので、外国に出稼ぎに行くしかない。こういう状況を、ノルウェーの社会学者ガルトゥングは「構造的暴力」と呼んだ。

彼らにとって成り上がりの秀才は邪魔なだけである。彼のような、本当なら政府のしかるべき要職に就くべき人材は、外国に追いやられる。

一般に途上国では、思想や言論は著しく制限されている。だから途上国の秀才は、思想に無関係な理系のエンジニアになろうと努力する。そしてもしも彼が幸運なら、アメリカの大学に留学するチャンスがあるだろう。そして留学したら最後、彼はもう二度と祖国に帰ることはない。祖国で冷や飯を食わされるよりも、自分の才能を公正に認めてくれるアメリカの研究機関に残る方が、よっぽど賢い選択なのである。

このような膨大な富の偏在と格差は、なにもネパールに限ったことではない。隣国のインドでも、あるいはアフリカや南米でも、これと同程度の、あるいはそれ以上の膨大な格差が存在している。たとえば南米の事例である。

ラテンアメリカの大地主がどれだけの土地をもっているのかの一例を示すならば、私の旧勤務先の日本海外移住新興株式会社が、日本人移住者の入植用地に一九八五年パラグアイのアルトパラナ地方で一人の地主から購入した土地は、八万三五八〇ヘクタールの面積があった。

当時三四七六万円で購入したのだが、それはほぼ佐渡島に相当する面積であった。おそらく、それはその地主がもっている土地の全面積ではないであろう。

『「帝国アメリカ」に近すぎた国々ラテンアメリカと日本』（石井陽一　扶桑社新書）

私が聞いた話では、アルゼンチンの大地主の中には、日本の四国ほどの土地を所有する人もいるそうである。そういう人達はもちろん不在地主であり、ブエノスアイレスや欧州の大都市で暮らしている。実際に管理しているのは、ガウチョと呼ばれる牧童である。

かつて私はアンデス山脈を徒歩で旅したことがあるが、そこで出会った先住民の暮らしは、驚くほど貧しかった。ドアの代わりに襤褸が一枚垂らしてあるだけの泥壁の小屋に、老婆がひとりで住んでいた。真冬には零下十度を下回る標高四〇〇〇メートルのアルチプラーノ（高原）である。家財道具は鍋と若干の食器くらいのものだろう。必死に耕してもピンポン球くらいのジャガイモしかできない不毛な土地にへばりつくようにして、老婆は生きていた。何十年も風呂に入っていない髪の毛はボサボサで、顔は土埃と垢、そして高い紫外線のために真っ黒である。目だけがギョロリと白く、穴の開くほどこちらを見つめていた。

アンデス先住民の人々に共通して見られるのは、やりきれないほどの諦観である。彼らには政府の無策に声を上げる気力も、デモに参加する気力も、ましてやテロを起こす気力も残されてはいないように、私には感じられた。

アフリカやアジアで貧困が問題になる一方で、南米における貧困は、あまり取り上げられることがない。強いて言えばブラジルのリオデジャネイロのファベイラ（貧民街）だろうが、これとてオリンピックが決定して、にわかに俎上に上がったに過ぎないだろう。

その絶対的な貧困を目の当たりにして、たとえばニュースで話題になる紛争地域に大挙して押しかける支援団体の、ほんの一部でいいから、彼女たちの貧困を救えないものかと私は思うのである。

『女ひとり世界に翔ぶ　内側からみた世界銀行28年』（小野節子　講談社）は、世界銀行で長らく勤めた著者（オノ・ヨーコさんの妹さんでもある）が、国際援助についての持論を語った本だが、その中に、９・１１テロを目の当たりにした著者の、こんな言葉がある。

貧富の差が激しく、一部の上流階級が富の大半と権力を握っている国々、あるいは、そういう開発途上国の政府に軍備と財政の援助をして、不平等を助長している先進諸国が、テロの危険にさらされるのは当然ではないだろうか。先進国が国際社会をもっと公平で正義のあるものにするよう努力をしていたなら、このようなテロなど起こらないのではないかと、悲しみと怒りを感じた。

当然ながらテロリズムはよくないことである。それを大前提にした上で、『ポストコロニアリズム』（本橋哲也　岩波新書）の以下のような言葉は傾聴に値するだろう。

たしかに現在の「平和な」日本に生きる私たちにとって、「あらゆる暴力に反対」というのはやさしい。しかしそうした言い方には次のような二つの疑問を感じる人もいるのではないだろうか。ひとつは自分たちのその「平和」がだれか他の人々の苦しみや戦争による犠牲によって成り立っているのではないかという疑い。もうひとつは「あらゆる暴力に反対する」という姿勢が、植民地支配に代表される圧倒的な暴力を容認し、社会的な差別や抑圧を温存させてしまう結果になるのではないか、という疑問である。

＊

この本は二〇〇七年十月から二〇一〇年三月まで北海道新聞生活面で連載された「ハビビな人びと　ロバ中山のビンボー愉快紀行」に大幅加筆したものです。また二〇一〇年に文藝春秋より刊行された『ハビビな人びと　アジア、イスラムの「お金がなくても人生を楽しむ」方法』の続編でもあります。

ここで改めて、連載を薦めてくださった北海道新聞の越山明裕氏と、単行本発売に尽力くださった文藝春秋の目崎敬三氏にお礼を申し上げます。

また本書中にしばしば出てくる「嫁」こと、武内直子氏には、一年八カ月にわたる長期旅行中、大変お世話になりました。

最後に、本書の刊行にあたって相談に乗ってくださった、宝島社「田舎ぐらしの本」編集者の水野昌美氏と、出版を快諾してくださった言視舎の杉山尚次氏に謝辞を申し上げたいと思います。

二〇一五年　四月

[著者紹介]

中山茂大（なかやま・しげお）

ライター。専門は海外事情、田舎暮らし、DIY。上智大学在学中は探検部に所属し世界各地を貧乏旅行。ロバを連れて南米アンデス山脈5600キロを縦断する。世界各地のご家庭で居候するのがライフワーク。東京都西多摩郡奥多摩町在住。著書に『ロバと歩いた南米アンデス紀行』（双葉社）、『世界のどこかで居候』（リトルモア）、『ハビビな人びと』（文藝春秋）、『笑って！ 古民家再生』（山と渓谷社）など。

装丁……………山田英春
DTP制作………小牧昇
編集協力………田中はるか

旅人思考で
イスラムと世界を知る本
——ムスリムを理解するキーワード「ハビビ」

発行日❖2015年5月31日　初版第1刷

著者
中山茂大

発行者
杉山尚次

発行所
株式会社 言視舎
東京都千代田区富士見2-2-2 〒102-0071
電話 03-3234-5997　FAX 03-3234-5957
http://www.s-pn.jp/

印刷・製本
中央精版印刷㈱

ISBN978-4-86565-020-4 C0036